Nattern

faszinierend & exotisch

> Autor: Dieter Schmidt | Fotos: Christine Steimer und andere

Inhalt

Kennenlern-Programm

- 6 Nattern – schlanke Schönheiten
- 7 Checkliste: Sind Sie geeignet, Schlangen zu halten?
- ➤ **8 Nattern im Porträt**
- 12 Anatomie und Verhalten
- 12 Das Skelett der Nattern
- 13 Tipp: Tote Futtertiere richtig präsentieren
- 14 Wie sich Schlangen fortbewegen
- 15 Wie Schlangen ihre Körperwärme regulieren
- ➤ **16 Verhaltensdolmetscher**
- ➤ **18 Special »Frage & Antwort«**
  Fragen rund um die Biologie der Schlangen

Artgerechte Unterbringung

- 34 Wohlfühl-Klima
- 34 Lebenswichtig: Licht
- 35 Unerlässlich: Wärme
- 35 Erwünscht: Feuchtigkeit
- 35 Checkliste: Das Terrarium richtig beleuchten
- 36 Wohnglück für Nattern
- 37 Tipp: Trink- und Badebecken
- 38 Das Terrarium einrichten
- 38 Die Terrariengröße
- 38 Tipp: Praktische Wasserbecken
- 39 Die Technik installieren
- 41 Die Bepflanzung
- ➤ **42 Special »Frage & Antwort«**
  Fragen rund um die Unterkunft

Eingewöhnungs-Programm

- 22 Welche Natter soll es sein?
- 22 Wo kaufen?
- 23 Beim Kauf beachten
- 23 Checkliste: Gesundheits-Check
- 24 Der gute Verkäufer
- 25 Test: Verkäufer-Check
- 25 Nattern im Artenschutz
- 26 Die ersten Tage zu Hause
- 27 Quarantäneterrarium
- 28 Das Einmaleins der Pflege
- 29 Tabelle: Die tägliche Pflege
- ➤ **30 Special »Frage & Antwort«**
  Fragen rund um Ihren Neuzugang

Fit-und-gesund-Programm

- 46 Die richtige Ernährung
- 46 Tipp: Bei Futterpausen beachten
- 48 Futterspezialisten
- 48 Wie viel Futter ist gut?
- 50 Nattern über den Winter bringen
- 50 Tipp: Winterliches Notquartier
- 52 Nachwuchs in Sicht
- 52 Die Paarung
- 53 Trächtigkeit und Eiablage
- 54 Gesundheitsfürsorge
- 55 Tabelle: Krankheiten erkennen und behandeln
- ➤ **56 Special »Frage & Antwort«**
  Fragen rund um Ernährung und Fortpflanzung

Anhang

- 58 Register
- 60 Adressen, Literatur
- 61 Autor
- 61 GU-Experten-Service
- 61 Impressum
- 62 Meine Natter – Steckbrief zum Ausfüllen
- ➤ **64 Die 10 GU-Erfolgstipps**
  Wohlfühl-Garantie für Nattern

➤ GU Serviceseiten

Kennenlern-Programm

Nattern – schlanke Schönheiten	Seite 6–7
Nattern im Porträt	Seite 8–11
Verhaltensdolmetscher	Seite 16–17
Special »Frage & Antwort«	Seite 18–19

Nattern – schlanke Schönheiten

Schlangen, insbesondere Nattern begleiten mich schon lange. Mich faszinieren ihre eleganten Bewegungen und ihre interessanten Verhaltensweisen. Sie wollen die Pflege von Nattern nun ebenfalls zu

> Auch Boden bewohnende Nattern wie die Kiefernnatter klettern gern.

Ihrem Hobby machen. Meinen Glückwunsch! Auf den nächsten Seiten erfahren Sie alles Wissenswerte, damit es Ihrem Tier gut geht.

In grauer Vorzeit …

Vor nahezu 340 Millionen Jahren, im frühen Karbon, entstiegen die Ur-Kriechtiere dem Wasser und legten erstmalig ihre Eier an Land ab. Damals war kaum vorauszusehen, welche Vielfalt an Familien und Ordnungen die Reptilien einmal haben würden. Als eine Unterordnung der Ordnung der Schuppenkriechtiere entwickelten sich die Schlangen. Über ihre früheste Entwicklungsgeschichte ist bis auf wenige Hinweise – meist schlecht erhaltene versteinerte Rückenwirbel aus der Kreidezeit vor knapp 100 Millionen Jahren – leider kaum etwas bekannt.

Die Nattern heute

Heute bevölkern fast 3000 Schlangenarten die Erde. Sie haben weltweit die unterschiedlichsten Lebensräume erobert. Nur die Polargebiete, einige große Inseln wie Neuseeland und Irland sowie kleine Inseln in den Weltmeeren sind frei von Schlangen. Voraussetzung für ihr Vorkommen ist, dass wenigstens über einige Monate im Jahr Temperaturen herrschen, die ihnen die Fortpflanzung ermöglichen. Alle Schlangen sind wechselwarm, das heißt, sie hängen von ihrer Umgebungstemperatur ab. Ihre Artenfülle ist deshalb in tropischen und subtropischen

TIPP

Giftig oder ungiftig?

▶ Neben den so genannten Echten Giftschlangen (Ottern, Giftnattern, Erdvipern, Seeschlangen) gibt es auch unter den Nattern Arten, die über Giftdrüsen und spezielle Giftzähne verfügen. Die meisten von ihnen wurden früher sogar in einer eigenen Unterfamilie zusammengefasst: den Trugnattern *(Boiginae)*.

▶ Der Laie kann giftige von ungefährlichen Arten kaum unterscheiden. Sie sollten sich deshalb über die genaue Artzugehörigkeit einer Ihnen unbekannten Natter bei einem Experten informieren.

Kennenlern-Programm
NATTERN – SCHLANKE SCHÖNHEITEN

> Schlangen benötigen lebende Beutetiere. Diese Mexikanische Königsnatter hat eine Maus gefangen und verschlingt sie.

Breiten weit höher als in unserem gemäßigten Klima. Zoologen haben die Schlangen in neun Familien eingeteilt, von denen die der Nattern *(Colubridae)* mit mehr als 1800 Arten die umfangreichste ist. In der Größe variieren Nattern zwischen 20 Zentimeter und fast vier Meter langen Arten.
Alle ernähren sich fast ausschließlich von lebenden Beutetieren. Viele Natternarten legen Eier, etliche bringen fertig entwickelte Jungtiere zur Welt, die ihre Entwicklung im Ei bereits im Mutterleib abgeschlossen haben.

Heimat der Nattern: Die tag- und/oder nachtaktiven Tiere sind Boden-, Baum-, Wasser- oder Wühlschlangen. Sie leben im tropischen Regenwald, in immergrünen, sommergrünen und Trockenwäldern, Steppen, Savannen, Halbwüsten und Wüsten.
Ihre Feinde: Dazu zählen insbesondere Vögel und Säugetiere. Doch ihr größter Feind ist der Mensch. Vor allem die Zerstörung angestammter Lebensräume lässt ganze Natternpopulationen aussterben. Ein weltweiter Schutz der Schlangen ist aber leider nicht in Sicht.

CHECKLISTE

Sind Sie geeignet, Schlangen zu halten?

Als künftiger Schlangenpfleger sollten Sie alle Fragen mit »Ja« beantworten:
✔ Wollen Sie auch über Jahre die volle Verantwortung für die Schlangen übernehmen?
✔ Sind Ihre Familie, die Nachbarn und der Vermieter mit der beabsichtigten Schlangenhaltung einverstanden?
✔ Können Sie sich den finanziellen und zeitlichen Aufwand leisten, der mit der Pflege dieser Tiere verbunden ist?
✔ Sind Sie bereit, Ihren Schlangen vorwiegend lebende Futtertiere anzubieten?
✔ Ist Ihnen klar, dass Nattern keine Kuscheltiere sind?

Kornnatter
Pantherophis guttatus, früher
Elaphe guttata (1–4 Unterarten)

Länge: Meist 100–140 cm.
Verbreitung: Osten und Südosten Nordamerikas, Nordostmexiko.
Natürlicher Lebensraum: Vielfältige Lebensräume; Kiefernwälder, Sumpfgebiete.
Verhalten: Dämmerungs- und nachtaktiv, im Terrarium auch tagaktiv. Lebhaft. Klettert gern.
Haltung: 22–28 °C, lokal bis 32 °C, nachts 18–20 °C. Kletteräste, Baumstubben, Verstecke, künstliche Blattpflanzen, Badebecken anbieten.
Winterruhe: 2 Monate abgedunkelt bei 8–10 °C.
Nahrung: Kleinsäuger, Küken.
Anmerkungen: Die Kornnatter ist eine der beliebtesten Schlangen im Terrarium. Sie wird in zahlreichen Farb- und Zeichnungsvarianten gezielt gezüchtet, die große Preisunterschiede aufweisen.

Erdnatter
Pantherophis obsoletus, früher
Elaphe obsoleta (5 Unterarten)

Länge: 120–150 cm.
Verbreitung: Osten und Süden Nordamerikas.
Natürlicher Lebensraum: Trockene und feuchtere Lebensräume bis ins Hochland.
Verhalten: Tag- und nachtaktiv. Lebhaft. Klettert gern.
Haltung: 22–28 °C, lokal bis 32 °C, nachts um 20 °C. Kletteräste, Verstecke, Baumstubben, künstliche Pflanzen, Badebecken anbieten.
Winterruhe: 2 Monate abgedunkelt bei 8–10 °C.
Nahrung: Kleinsäuger, Küken, Eier.
Anmerkungen: Die Unterarten Schwarze Pilotnatter (*P. o. obsoletus*), Kükennatter (*P. o. quadrivittatus*), Texaskükennatter (*P. o. lindheimeri*), Graue Pilotnatter (*P. o. spiloides*), Everglades-Kükennatter (Foto; *P. o. rossalleni*) getrennt halten.

Amurnatter
Elaphe schrenckii (2 Unterarten)

Länge: 130–180 cm.
Verbreitung: Russland (Amurgebiet), Korea bis Südchina.
Natürlicher Lebensraum: Lichte Wald- und Buschlandschaften, Feuchtgebiete, Äcker und Gärten.
Verhalten: Vorwiegend tagaktiv. Sehr ruhig. Klettert gern.
Haltung: 22–28 °C, lokal bis 32 °C, nachts 18–20 °C. Kletteräste, Baumstubben, Verstecke, künstliche Farne und andere Blattpflanzen, Kiefernzweige, Badebecken anbieten.
Winterruhe: 2–3 Monate abgedunkelt bei 6–8 °C.
Nahrung: Kleinsäuger, Küken, Eier.
Anmerkungen: Durch jahrzehntelangen intensiven Fang für die Terrarienhaltung wurden die natürlichen Bestände stark reduziert. Die Art wird regelmäßig nachgezogen.

Kennenlern-Programm
NATTERN IM PORTRÄT

Schönnatter
Orthriophis taeniurus, früher *Elaphe taeniura* (7 Unterarten)

Länge: 130 bis über 200 cm.
Verbreitung: Ost- und Südostasien.
Natürlicher Lebensraum: Busch- und Waldlandschaften, Kulturland.
Verhalten: Tagaktiv. Klettert gern. Die Taiwanschönnatter gilt als ruhigste Unterart.
Haltung: 25–28 °C, lokal wärmer, nachts 18–20 °C. Gelegentlich sprühen (relative Luftfeuchtigkeit 65–75 %). Kletteräste, Verstecke, künstliche Pflanzen, Wasserschale.
Winterruhe: 2–3 Monate abgedunkelt bei 10–15 °C.
Nahrung: Kleinsäuger, gelegentlich Küken.
Anmerkungen: Taiwanschönnattern (*O. t. friesei*) und Höhlenschönnattern (*O. t. ridley*) werden häufig nachgezogen. Nachzuchttiere sind Wildfängen unbedingt vorzuziehen.

Kettennatter
Lampropeltis getula (7 Unterarten)

Länge: 90–120 cm.
Verbreitung: Südliches Nordamerika, Nordmexiko.
Natürlicher Lebensraum: Je nach Unterart Wälder, Auen, Halbwüsten.
Verhalten: Meist tag- und dämmerungsaktiv.
Haltung: 24–28 °C, lokal bis 35 °C, nachts 18–22 °C. Baumstubben, Verstecke, künstliche Pflanzen, Wasserschale bieten. Nur aneinander gewöhnte, gleich große Exemplare gemeinsam halten.
Winterruhe: 2 Monate abgedunkelt bei 8–10 °C.
Nahrung: Kleinsäuger, Küken. Frisst auch kleinere Schlangen!
Anmerkungen: Häufig gepflegt werden Östliche Kettennatter (*L. g. getula*) und Kalifornische Kettennatter (*L. g. californiae*), von der es geringelte und seltener gestreifte Tiere gibt.

Dreiecksnatter
Lampropeltis triangulum (25 Unterarten)

Länge: 50–150 cm, je nach Unterart.
Verbreitung: Südkanada bis nördliches Südamerika.
Natürlicher Lebensraum: Je nach Unterart Wüste bis tropischer Regenwald.
Verhalten: Meist nachtaktiv. Wühlt gern im Boden.
Haltung: 24–28 °C, lokal bis 35 °C, nachts nördliche Unterarten etwas kühler. Je nach Herkunft trocken bis halbtrocken. Verstecke, Wasserschale, künstliche Pflanzen. Nur aneinander gewöhnte, gleich große Exemplare gemeinsam pflegen. Oft wird Einzelhaltung empfohlen.
Winterruhe: Nur bei nordamerikanischen Unterarten; dunkel für 2 Monate bei 8–10 °C.
Nahrung: Kleinsäuger, Küken.
Anmerkungen: Häufig gehalten: *L. t. sinaloae, hondurensis, campbelli* und *elapsoides.*

 Baumbewohner Großes Wasserbecken Eier legend Ei lebend gebärend

9

Kiefernnatter
Pituophis melanoleucus
(etwa 3 Unterarten)

Länge: 120 bis über 180 cm.
Verbreitung: Zentrales Nordamerika von Südkanada bis Nordostmexiko.
Natürlicher Lebensraum: Lichte, trockene Kiefern- und Eichenwälder, Buschland, Prärien, felsige Wüstengebiete, Kulturland.
Verhalten: Meist tagaktiv. Temperamentvoll, einzelne Exemplare sind bissig.
Haltung: 25–30 °C, lokal bis 33 °C, nachts 18–22 °C. Verstecke, Baumstubben, Kletteräste, Wasserschale, künstliche Pflanzen (u. a. Kakteen).
Winterruhe: 2 Monate abgedunkelt bei 6–10 °C.
Nahrung: Kleinsäuger, Küken, Eier.
Anmerkungen: Es gibt keine einheitliche Systematik bezüglich Arten/Unterarten. Farb- und Zeichnungsmutationen.

Raue Grasnatter
Opheodrys aestivus
(1 Unterart)

Länge: Meist 40–60 cm.
Verbreitung: Südosten der USA bis Nordostmexiko.
Natürlicher Lebensraum: Feuchtere Lebensräume mit Gebüsch in Wassernähe.
Verhalten: Tagaktiv. Sehr friedlich. Meist am Boden. Übernachten in den Zweigen von Büschen.
Haltung: 24–27 °C, lokal 30 °C, nachts 18–22 °C. Zweige und rankende natürliche Pflanzen, Grassoden, Verstecke, kleines Wasserbecken anbieten. UV-Licht ist empfehlenswert.
Winterruhe: Etwa 2 Monate abgedunkelt bei 8–10 °C.
Nahrung: Lebende Insekten und deren Larven sowie Spinnen (Futtertiere mit Vitamin-Kalk-Präparat einstäuben).
Anmerkungen: Die Art kann auch in einer kleineren Wohnung gehalten werden.

Gebänderte Wassernatter
Nerodia fasciata (3 Unterarten)

Länge: Meist 60–100 cm.
Verbreitung: Küstennahe Gebiete im Südosten der USA.
Natürlicher Lebensraum: Gewässernähe, Sumpfgebiete, Brackwasserzonen.
Verhalten: Tagaktiv. Ruhige Art. Gieriger Fresser, der auch einmal zubeißen kann.
Haltung: 24–28 °C, lokal bis 35 °C, nachts 18–22 °C. Großes Wasserbecken, Wurzelwerk, Verstecke, künstliche Blattpflanzen anbieten.
Winterruhe: 2 Monate abgedunkelt bei 8–10 °C.
Nahrung: Lebende und tote Süßwasserfische (Letztere auch zerteilt mit Gräten und Innereien), Regenwürmer. Bei Verfüttern von Fischfilet Vitamin-Kalk-Präparat geben.
Anmerkungen: Robuste Natter, die leicht zu vermehren ist. Vor allem Jungtiere mitunter bissig.

 Wüsten-/Steppenterrarium   Waldterrarium   Feuchtgebietsterrarium   Bodenbewohner

Kennenlern-Programm
NATTERN IM PORTRÄT

Siegelringnatter
Nerodia sipedon (4 Unterarten)

Länge: Meist 60–120 cm.
Verbreitung: Östliches Nordamerika von Südkanada bis an den Golf von Mexiko.
Natürlicher Lebensraum: Gewässernähe, Grasland, Sumpfgebiete.
Verhalten: Tagaktiv. Ruhig. Einzelne Exemplare können bissig sein.
Haltung: 22–26 °C, lokal 30 °C, nachts 18–20 °C. Großes Wasserbecken, Baumstubben, Verstecke, künstliche Pflanzen.
Winterruhe: 2–3 Monate abgedunkelt bei 6–8 °C.
Nahrung: Lebende und tote Süßwasserfische (Letztere auch zerteilt mit Gräten und Innereien), Regenwürmer. Bei Verfüttern von Fischfilet Vitamin-Kalk-Präparat geben.
Anmerkungen: Wurde früher häufiger gepflegt. Eine weitere Verbreitung wäre erwünscht.

Gewöhnliche Strumpfbandnatter
Thamnophis sirtalis (12 U.arten)

Länge: Je nach Unterart 40–130 cm.
Verbreitung: Nordamerika von Kanada bis Nordmexiko.
Natürlicher Lebensraum: Oft in Gewässernähe; Sümpfe, Wiesen, Wälder, Parks und Gärten.
Verhalten: Tagaktiv. Lebhaft. Friedfertig.
Haltung: 22–28 °C, lokal 30 °C, nachts 18–20 °C. Großes Wasserbecken, Wurzeln, Verstecke, künstliche Pflanzen.
Winterruhe: Unterschiedlich je nach Herkunft, meist 2 Monate abgedunkelt bei 8–10 °C.
Nahrung: Fisch (lebend, tot, große Gräten entfernen), nestjunge Kleinsäuger, Regenwürmer, Nacktschnecken.
Anmerkungen: Häufig Östliche Strumpfbandnatter (*T. s. sirtalis*) und Rotgefleckte Strumpfbandnatter (*T. s. parietalis*). Mehrere Farbmutationen.

Östliche Bändernatter
Thamnophis sauritus
(4 Unterarten)

Länge: 50–100 cm.
Verbreitung: Östliches Nordamerika.
Natürlicher Lebensraum: Buschland in Gewässernähe.
Verhalten: Tagaktiv. Recht schreckhaft. Klettert gern.
Haltung: 22–28 °C, lokal 30 °C, nachts 18–20 °C. Großes Wasserbecken, Baumstubben, Kletteräste, zahlreiche Verstecke, künstliche Blattpflanzen. Nicht zu feucht halten!
Winterruhe: Unterschiedlich je nach Herkunft, meist 2 Monate abgedunkelt bei 8–10 °C.
Nahrung: Fisch (lebend, tot, große Gräten entfernen), Regenwürmer, Nacktschnecken.
Anmerkungen: Wird häufig mit der ähnlich zu haltenden Westlichen Bändernatter (*Thamnophis proximus*) aus dem Westen der USA und dem östlichen Mittelamerika verwechselt.

 Baumbewohner Großes Wasserbecken Eier legend Ei lebend gebärend

Anatomie und Verhalten

Viele Menschen halten alle Lebewesen mit lang gestreckter, beinloser Gestalt und unbeweglichen Augenlidern, die den Tieren einen starren Blick verleihen, für Schlangen. Doch auch manchen Echsen wie den Blindschleichen sowie den Doppelschleichen fehlen die Extremitäten. Und viele Geckoarten besitzen ebenfalls Augen ohne bewegliche Augenlider.

Das Skelett der Nattern

Der langen, schlanken Körperform einer Natter liegt ein einfaches Skelett zugrunde, das lediglich in Schädel, Wirbelsäule und Rippen gegliedert ist. Von anderen Schuppenkriechtieren wie Geckos, Eidechsen oder Leguanen unterscheiden sich die Schlangen vor allem durch ihr Schädelskelett. Es weist einige anatomische Besonderheiten auf (→ Seite 18). Diese erlauben es den Nattern, in Verbindung mit der tiefen Maulspalte, Beutetiere zu verschlingen, die deutlich größer sind als ihr eigener Kopf. Die Zähne der Nattern sind ungefurcht, weitgehend gleich groß und leicht nach hinten gebogen. Lediglich die giftigen Arten unter den Nattern können im hinteren Bereich der Oberkiefer größere, gefurchte Zähne besitzen, die die bessere Ableitung des Giftes in die Bisswunde ermöglichen.

Wirbelsäule: Je nach Art besitzen Schlangen bis zu 400 Wirbel, die durch mehrere Gelenke miteinander verbunden sind. Die hohe Zahl der Wirbel ermöglicht den Nattern die für Schlangen typische Beweglichkeit. Schultergürtel und Brustbein fehlen. Die Rippen sind gelenkig mit der Wirbelsäule verbunden.

Die inneren Organe

Alle inneren Organe (Herz, Lunge, Magen, Nieren, Hoden bzw. Eierstöcke) haben eine lang gestreckte Form. Bei den Nattern ist die linke Lun-

Schönnattern sind imposante Tiere, die mehr als zwei Meter lang werden können. Die Schuppen sind deutlich zu erkennen.

Kennenlern-Programm
ANATOMIE UND VERHALTEN

> *Mit den Spitzen ihrer gegabelten Zunge nimmt die Dreiecksnatter Duftmoleküle von Gegenständen und aus der Luft auf.*

ge zurückgebildet, die rechte Lunge endet in einem Luftsack, der während des Fressaktes die Luftversorgung unterstützt. Die Nieren liegen versetzt hintereinander, eine Harnblase fehlt allen Schlangen. Die Harnleiter münden mit dem Enddarm und den Ausgängen der Geschlechtsorgane direkt in der Kloake. Die gut ausgebildete Muskulatur gestattet eine geschickte Fortbewegung und ein kräftiges Erdrosseln der Beutetiere.

Die Sinnesorgane

Die Sinnesorgane sind unterschiedlich effektiv.
Gesichtssinn: Nattern besitzen große Augen. Die Augenlider sind miteinander verwachsen und bilden eine durchsichtige Schuppe, die so genannte Brille. Schlangen sehen vor allem Beutetiere, die sich bewegen.
Hörsinn: Allen Schlangen fehlen äußere Ohren, auch können sie nicht hören. Dennoch sind Reste eines inneren Ohres vorhanden. Damit können sie Erschütterungen wie auch niederfrequente Schallwellen wahrnehmen, wenn sie den Unterkiefer auf den Boden legen.
Geruchssinn: Das eigentliche Riechen mit der Nase hat nur noch eine untergeordnete Funktion. Schlangen »riechen« mit einem hoch entwickelten speziellen Sinnesorgan, dem Jacobsonschen Organ. Dieses sehr empfindliche Organ liegt im Gaumen der Schlange. Mit Hilfe ihrer langen zweizipfeligen Zunge, die in eine Scheide zurückgezogen werden kann, nimmt die Natter Duftpartikel aus der Luft auf. Diese gelangen zum Jacobsonschen Organ und werden dort analysiert. Die Informationen werden an das Gehirn weitergegeben.
Weitere Sinne: Vermutlich verfügen Nattern auch über sehr einfache Wärmesinnesorgane in speziellen Vertiefungen der Schuppen. Außerdem sind sie in der Lage, mit ihren Schuppen Tastreize wahrzunehmen.

TIPP

Tote Futtertiere richtig präsentieren

Nattern nehmen ein Beutetier insbesondere über die Augen und das Jacobsonsche Organ wahr. Soll ein totes Futtertier an eine Schlange verfüttert werden, gilt es, diese Sinnesorgane anzusprechen:

▶ Viele Nattern ergreifen beispielsweise eine tote Maus, wenn man sie mit einer langen Pinzette vor der Schlange hin und her bewegt (»belebt«).

▶ Leichter tut man sich bei Fischfressern: Tote Fische und selbst Fischstückchen sind duftintensiv. Sie werden mit dem Jacobsonschen Organ aufgespürt und als Futter akzeptiert.

Wie sich Schlangen fortbewegen

Gerade durch die fehlenden Gliedmaßen haben Schlangen eine erstaunliche Beweglichkeit erlangt. Ob auf dem Boden oder im Boden, ob im Geäst, im Wasser und – so unglaublich es klingt – sogar in der Luft, alle Lebensbereiche haben Schlangen erobert.

> *Kornnattern nutzen beim Klettern die Unebenheiten im Holz des Stammes.*

Dies ermöglichen ihnen die äußerst bewegliche Konstruktion ihrer Wirbelsäule, die kräftige Muskulatur und die Schuppen der Haut.

Schlängeln: Dies ist die für die meisten Nattern typischste Art der Vorwärtsbewegung. Dabei schieben sie ihren Körper durch horizontale, wellenförmige Muskelkontraktionen voran. Unebenheiten des Untergrunds dienen den Schuppen am Bauch als Widerlager. Auf einer glatten Glasplatte kommt eine Natter nicht vorwärts. Bei schlängelnden Zornnattern hat man schon Höchstgeschwindigkeiten bis zu sieben Stundenkilometern gemessen.

Schwimmen: Eine besondere Art des Schlängelns zeigen die Wassernattern beim Schwimmen, etwa auf der Flucht oder bei der Jagd auf Beute. Sie schwimmen meist nahe der Wasseroberfläche und flachen dabei ihren Körper stark ab. Tauchen können sie ebenfalls.

Ziehharmonika-Kriechen: Es kommt durch abwechselndes Zusammenziehen und Strecken der Körpermuskulatur zustande. Kletternattern können auf diese Weise sogar einen senkrechten Baumstamm erklimmen, wobei sie sich zusätzlich mit ihren Bauchschildern abstützen.

Entfernungen überwinden: Schlankwüchsige Baumnattern gleiten mit hoher Geschwindigkeit durch das Geäst und überspannen dabei größere Abstände zwischen den Ästen frei mit ihrem Körper. Um Entfernungen zu überwinden, haben die Schmuckbaumnattern eine andere Technik entwickelt. Sie platten ihren Körper ab, ziehen die Bauchseite ein und schnellen sich dann in den Luftraum. Dadurch gelingt

> **TIPP**
>
> ### Wie Schlangen Beute machen
>
> Je nach Körperbau und Temperament nutzen Nattern unterschiedliche Verhaltensweisen für den Beutefang.
>
> ▶ Die meisten Nattern sind aktive Jäger. Sie verfolgen ihr Beutetier oft über lange Distanzen.
>
> ▶ Nur Baumnattern lauern in der Natur ihrer Beute, Echsen und Fröschen, auf.
>
> Diese Verhaltensweisen müssen Sie berücksichtigen, wenn Sie keine lebenden Futtertiere vorrätig haben. Dann müssen Sie versuchen, durch Bewegen des Futters den Jagdreflex auszulösen.

Kennenlern-Programm
ANATOMIE UND VERHALTEN

diesen Nattern ein Gleitflug über Entfernungen von mehr als zehn Metern.

Wie Schlangen ihre Körperwärme regulieren

Wie alle wechselwarmen Wirbeltiere sind Nattern und die anderen Schlangen auch auf eine äußere Wärmezufuhr angewiesen. In kalter Umgebung ist eine Natter wenig agil, ihr Stoffwechsel ist reduziert. Bei Temperaturen unter dem Gefrierpunkt sterben sie bereits. Aber auch Temperaturen ab 42 bis 45 °C über einen längeren Zeitraum haben den Tod des Tieres zur Folge, denn die Schlangen können nicht schwitzen. Der optimale Temperaturbereich variiert stark in Abhängigkeit von Herkunft und Lebensweise der verschiedenen Natternarten. Dies müssen Sie bei ihrer Haltung im Terrarium berücksichtigen. Eine Schlange ist nämlich kaum in der Lage, ihre Körpertemperatur zu beeinflussen. Sie kann weder ihren Herzschlag verändern noch die Blutgefäße unter der Haut erweitern oder verengen. Schlangen regulieren die Körpertemperatur, indem sie aktiv warme Sonnenplätze oder kühlere Stellen im Schatten oder gar ein unterirdisches Versteck aufsuchen. Aus diesem Grund müssen Sie der Natter auch im Terrarium Stellen mit unterschiedlichen Temperaturbereichen bieten.

Was tun bei Kälte? In den gemäßigten Klimazonen reichen derartige Verhaltensweisen für ein Überleben im kalten Winter nicht aus. Aber auch hierfür haben Schlangen eine Strategie entwickelt: Sie suchen rechtzeitig im Herbst ein frostfreies Versteck auf und fallen in Kältestarre. Dabei sind ihr gesamter Stoffwechsel sowie Herz- und Atemfrequenz stark herabgesetzt. So überleben sie mehrere Monate ohne Aufnahme von Futter und Wasser. Die kühle Überwinterung bei verkürzter Tageslichtlänge stimuliert bei diesen Arten die Funktion der Geschlechtsorgane. Somit ist eine kühlere Winterruhe im abgedunkelten Terrarium oder in einer Überwinterungskiste eine wichtige Voraussetzung für eine erfolgreiche Fortpflanzung im kommenden Jahr. Ich rate Ihnen, die Verhältnisse in der Natur im Terrarium nachzustellen. Wie Sie dabei vorgehen, → Seite 50.

> *Die Vorliebe für lichte Kiefernwälder verhalf der meist tagaktiven, recht lebhaften Kiefernatter zu ihrem Trivialnamen.*

15

Verhaltensdolmetscher
Nattern

Kennen Sie die Körpersprache Ihrer Natter? Hier erfahren Sie, was das Tier mit seinem Verhalten ausdrückt [?] und wie Sie richtig darauf reagieren [→].

> Das Männchen beißt das Weibchen in die Halspartie.
[?] Dadurch versucht es, die Partnerin sexuell zu stimulieren.
[→] Dies ist ein natürliches Verhalten, bei dem Sie nicht einschreiten müssen.

> Die Schlange liegt im Wasserbecken.
[?] Bei zu trockener Haltung und vor der Häutung liegen viele Schlangen gern im Wasser.
[→] Das Badebecken muss immer sauberes Wasser enthalten.

Die Natter hat den Kopf erhoben und schaut um sich.

❓ Das Tier erforscht seine Umgebung.
➡ Ein häufig erhobener Kopf bei leichter Öffnung des Mauls kann Atemprobleme bedeuten.

Die Kükennatter versucht, an der Glasscheibe ihres Terrariums hochzusteigen.

❓ Wenn möglich, versuchen viele Nattern zu klettern.
➡ Bieten Sie den Tieren im Terrarium immer geeignete Klettermöglichkeiten.

Die Schlange hat ihre vordere Körperpartie erhoben und züngelt intensiv.

❓ Sie fühlt sich bedrängt und droht zu beißen.
➡ Lassen Sie die Schlange am besten in Ruhe.

Die Schlange hat trübe Augen.

❓ Sie wird sich in der nächsten Zeit häuten.
➡ Sie brauchen nichts zu unternehmen. Achten Sie aber auf das vollständige Abstreifen der alten Haut.

17

Fragen rund um die Biologie der Schlangen

? Wie gelingt es einer Schlange, Beutetiere zu verschlingen, die größer als ihr Kopf und dicker als ihr Körper sind?

Die Antwort liegt im Bau des Schädelskeletts: Der Unterkiefer ist zweigeteilt, beide Hälften sind durch elastische Bänder miteinander verbunden. Mehrere Schädelknochen stehen über Gelenke miteinander in Verbindung. Ein Kiefergelenk fehlt. Zusätzlich sind Speiseröhre, Körperhaut und Magen äußerst dehnbar. Trotzdem sollten Sie der Natter lieber mehrere kleine Mäuse als eine große Ratte anbieten. Eine zu große Beute könnte zu Verdauungsstörungen führen.

? Woran kann man das Geschlecht einer Schlange erkennen?

Die meisten Schlangen haben keine äußeren Geschlechtsmerkmale und nur bei wenigen Arten sind Männchen und Weibchen unterschiedlich gefärbt. Normalerweise liegt der zweigeteilte Penis der Männchen in zwei Taschen auf der Unterseite der Schwanzwurzel verborgen. Bei der Paarung wird jeweils eine Hälfte (Hemipenis) ausgestülpt und in die Kloake des Weibchens eingeführt. Betrachtet man den Schwanz eines Männchens hinter der Kloake von oben, so fällt auf, dass er dort durch die beiden Hemipenes dicker ist und sich nur allmählich verjüngt. Dagegen verjüngt sich der Schwanz der Weibchen sehr rasch. Am sichersten lässt sich die Geschlechtszugehörigkeit über eine feine Knopfsonde diagnostizieren. Diese wird in eine der beiden Hemipenestaschen eingeführt. Diese Methode sollte aber nur ein erfahrener Terrarianer oder der Tierarzt durchführen.

? Warum braucht eine Schlange relativ hohe Umgebungstemperaturen?

Wie alle wechselwarmen Wirbeltiere sind Schlangen kaum in der Lage, eigene Körperwärme zu erzeugen. Das hat den Vorteil, dass ihr Energie-

> *Die in einem Stück abgestreifte alte Haut einer Natter kann gelegentlich auch zerreißen.*

Kennenlern-Programm
FRAGEN RUND UM DIE BIOLOGIE DER SCHLANGEN

bedarf wesentlich geringer ist als der eines warmblütigen Vogels oder Säugetieres. In der Natur regulieren Schlangen ihre Körpertemperatur direkt oder indirekt durch die wärmende Sonne. Je nach Herkunft sind die verschiedenen Arten an ein bestimmtes Wärmeniveau angepasst. Durch Aufsuchen wärmerer oder kühlerer Orte kann die Schlange größere Schwankungen der Körpertemperatur vermeiden. Sinken die Umgebungstemperaturen auf so niedrige Werte, dass normale Körperfunktionen nicht mehr möglich sind, fallen die Nattern in eine Kältestarre.

? Was bedeutet Stress für eine Natter?

Außergewöhnliche körperliche und psychische Reize können auch bei Nattern zu gesundheitlichen Störungen, zu Futterverweigerung, Schwächung des Immunsystems und schließlich zu Erkrankungen führen. Dazu gehören u. a. ein unsachgemäßer Transport, falsche Haltungsbedingungen, ein zu hoher Tierbesatz im Terrarium, häufige Störungen und unnötiges Hantieren. Schlangen sind eben keine Kuscheltiere! Andererseits kann so genannter positiver Stress Tiere, die das Futter verweigern, wieder zur Futteraufnahme anregen. Beispiele für positiven Stress: Anbieten lebender Futtertiere, Wechsel der Futtertierart oder Klimaänderungen.

? Warum sollte ich auf die Verfütterung lebender Tiere vorbereitet sein?

Alle Schlangen sind von Natur aus »Fleischfresser«, die fast ausschließlich lebende Beute fangen. Ohne die in Millionen von Jahren erworbenen Verhaltensweisen müsste die Schlange in der Natur verhungern. Zur artgemäßen Haltung einer Natter gehört, ihr das Aufspüren, Jagen, Fangen, Erwürgen und Verschlingen eines lebenden Tieres zu ermöglichen. Trotzdem lassen sich viele Schlangen im Terrarium auch an tote Futtertiere gewöhnen, vor allem dann, wenn Sie ein totes Futtertier »beleben« (→ Seite 13). Wenn es nicht gelingt, die Natter zu überlisten, müssen Sie doch wieder zu lebendem Futter übergehen. Die Gefahr, dass eine Natter durch ein Futtertier verletzt wird, ist gering.

Dieter Schmidt

MEINE TIPPS FÜR SIE

Problemlose Häutung

▶ Eine bevorstehende Häutung erkennen Sie an den trüben Augen (→ Foto Seite 17 rechts unten) und an der blassen Färbung.

▶ Bei artgerechter Haltung löst sich die Haut am Stück (»Natternhemd«).

▶ Häutungsschwierigkeiten treten bei zu trockener Haltung oder bei Erkrankungen auf (→ Seite 23).

▶ Bei der Häutung hilft die Schlange nach, indem sie zwischen rauen Gegenständen durchschlüpft. Dabei wird die Haut abgestreift. Bedenken Sie dies bei der Einrichtung!

▶ Achten Sie auf die vollständige Häutung Ihrer Schlange. Besonders auf den Augen und an der Schwanzspitze dürfen keine Häutungsreste verbleiben. Bei den nächsten Häutungen würden wiederum Reste zurückbleiben, die Augen erblinden und die Schwanzspitze absterben.

19

Eingewöhnungs-Programm

Welche Natter soll es sein?	Seite 22–25
Die ersten Tage zu Hause	Seite 26–27
Das Einmaleins der Pflege	Seite 28–29
Special »Frage & Antwort«	Seite 30–31

Welche Natter soll es sein?

Sie wollen die Haltung von Nattern zu Ihrem Hobby machen. Und nun stehen Sie vor der Wahl: Welche Natternart soll ich nehmen? Um eine Antwort auf diese Frage zu finden, rate ich Ihnen, sich

> Bei vielen Natternarten sind die Jungschlangen anders gezeichnet …

erst einmal Gedanken zu machen, warum Sie eine Natter pflegen möchten.
➤ Wollen Sie mit der Schlangenhaltung Ihr Interesse oder das Ihrer Kinder für diese faszinierenden Tiere vertiefen und sich an einer der oft sehr farbenprächtigen Nattern und deren Verhaltensweisen erfreuen, dann empfehle ich Ihnen ein halbwüchsiges oder erwachsenes Exemplar. Das Geschlecht des Tieres spielt dabei keine Rolle. Kaufen Sie ein futterfestes Jungtier, das schon selbstständig frisst, können Sie sein Wachstum über Jahre verfolgen.
➤ Haben Sie die Absicht, baldmöglichst Nachwuchs zu bekommen, sollten Sie versuchen ein Männchen und ein Weibchen zu erwerben, die sich bereits miteinander fortgepflanzt haben. Solche Tiere sind allerdings nur schwer zu bekommen, bestenfalls dann, wenn ein Terrarianer seinen Tierbestand auflöst oder wenn er sich auf die Haltung anderer Arten umstellen will.
➤ Möchten Sie erste Erfahrungen mit Nattern sammeln und langfristig die Tiere auch nachziehen, fahren Sie erfahrungsgemäß am besten, wenn Sie sich eine Gruppe von etwa drei bis fünf Jungschlangen zulegen. Sie haben dann größere Chancen, dass sich eines Tages wenigstens ein miteinander harmonierendes Natternpärchen findet. Und der Verlust eines Tieres, der ja leider nie völlig auszuschließen ist, lässt sich durch die Nachzucht der Art leichter verschmerzen.

Wo kaufen?

Sie haben sich für die Anschaffung einer bestimmten Natternart entschieden und sind überzeugt, dass Sie die Lebensansprüche von ein oder mehreren Exemplaren erfüllen können. Auch haben Sie bereits ein passendes Terrarium beschafft und eingerichtet – Näheres dazu lesen Sie ab Seite 34. Nun erhebt sich die Frage: Wo kaufen? Grundsätzlich erhält man die empfohlenen Arten in einem gut geführten Zoofachgeschäft mit Terraristik-Abteilung oder man kann sie dort bestellen. Auch auf einer Reptilienbörse kann man fündig werden. Optimal ist natürlich der Erwerb der Natter direkt beim Züchter. Dann können

Eingewöhnungs-Programm
WELCHE NATTER SOLL ES SEIN?

> ... als die Alttiere, wie diese Bairds Kletternattern zeigen. Die Art lebt in felsigen Wüsten von Texas bis Nordostmexiko.

Sie mit ihm vor Ort sprechen und sich seine Terrarienanlage ansehen. So kommen Sie am besten an Informationen über Alter, Haltungs- und Fütterungsbedingungen.

Beim Kauf beachten

Ich rate Ihnen, vor dem Kauf die Natter einem Gesundheits-Schnellcheck (→ Seite 23) zu unterziehen. Mit Einschränkungen ist der Check beim Kauf der Schlange sowohl im Zoofachgeschäft als auch auf einer Reptilienbörse möglich. Damit kann sich selbst der Einsteiger in die Haltung dieser Tiere einen Eindruck verschaffen, ob das Wunschtier gesund ist. Eine Erkrankung im Anfangsstadium oder ein noch nicht dramatischer Parasitenbefall sind so zwar nicht zu erkennen, doch ergeben die Kriterien des Checks einen Überblick über den Gesundheitszustand einer Schlange. Bei den meisten Nattern, die angeboten werden, handelt es sich um Jungtiere. Kein Wunder! Kommen doch im Terrarium und bei optimalen Haltungsbedingungen mehr Jungschlangen zur Welt als in

CHECKLISTE

Gesundheits-Check

Daran erkennen Sie eine gesunde Natter:

✔ Sie liegt zusammengerollt oder streift ruhig im Terrarium umher.

✔ Sie zeigt die für die Art typischen Bewegungsformen wie Schlängeln.

✔ Beim Versuch sie zu ergreifen, flieht sie oder beißt zu.

✔ Sie ist gut genährt, d. h., sie weist keine Hautfalten auf. Eine zu fette Natter erkennen Sie an großen Schuppenzwischenräumen.

✔ Unter der Haut sind keine Verdickungen oder Verhärtungen zu fühlen.

✔ Die Haut ist unverletzt und ohne alte Häutungsreste – v. a. am Schwanz. Gut verheilte, vernarbte Wunden stellen kein Problem dar.

✔ Die Augen sind klar – außer vor der Häutung – und ohne alte Häutungsreste.

✔ Es sind keine rasselnden Atemgeräusche zu hören.

✔ Die Maulspalte ist geschlossen. Die Maulschleimhaut ist gut durchblutet ohne Pusteln oder Beläge. Die Maulhöhle ist frei von Schleim.

✔ Der Bereich um die Kloake ist sauber.

✔ Sie können keine Außenparasiten, v. a. Schlangenmilben (→ Seite 55) erkennen.

23

freier Natur. Da das Füttern des Nachwuchses recht aufwändig ist, gibt der Züchter eher ihn her als zuchtfähige Exemplare. Doch auch für Sie gestaltet sich die Aufzucht einer größeren Zahl von Jungtieren bis zur Geschlechtsreife recht aufwändig. Deshalb rate ich Ihnen zu einem schon etwas älteren und bereits futterfesten Jungtier.

Nachzucht oder Wildfang?
Eine dringende Bitte: Wenn Sie die Wahl haben, ziehen Sie beim Kauf ein Nachzuchttier immer einem Wildfang vor.

Der gute Verkäufer
Leider hört man immer wieder von unseriösen Verkäufern. Nehmen Sie deshalb niemals unkritisch Angaben über Art- und Unterartzugehörigkeit, die Lebensansprüche und den Zustand der Natter hin. Fühlen Sie sich unsicher, bitten Sie möglichst einen erfahrenen Terrarianer, Sie beim Kauf zu beraten. Das ist besonders dann wichtig, wenn Sie eine Natter eines bestimmten Geschlechts erwerben wollen und der Verkäufer Ihnen keine Garantie für die Geschlechtszugehörigkeit geben kann.
Kaufen Sie auch keinesfalls eine Natter in schlechtem Gesundheitszustand aus Mitleid oder weil sie preisgünstig ist. Ihnen fehlt die Erfahrung, ein krankes Tier aufzupäppeln, außerdem bedeutet dieses Tier eine akute Gefahr für Ihre übrigen Schlangen.

Machen Sie sich schlau
Vor dem Kauf hatten Sie sich bereits über die Pflege- und Lebensansprüche Ihrer Wunschart informiert. Bei diesem Wissen sollten Sie es aber nicht belassen. Über beliebte Natternarten gibt es zahlreiche empfehlenswerte Spezialliteratur. Aber auch terraristische Zeitschriften sowie fortgeschrittene Terrarianer oder die Mitglieder eines Terraristik-Vereins können Ihnen bei vielen Fragen hilfreich sein.
Verlassen Sie sich auf keinen Fall auf die unzähligen Informationen im Internet. Es ist für einen Anfänger in der Terraristik kaum möglich, korrekte Fachinformationen vom Datenmüll der Möchtegern-Experten zu unterscheiden. Als Eingangstor in diese Welt der Informationen emp-

> *Eine schon etwas ältere, futterfeste Natter (im Bild eine Bullennatter) bereitet dem Einsteiger die geringsten Probleme.*

Eingewöhnungs-Programm
WELCHE NATTER SOLL ES SEIN?

fehle ich Ihnen die Homepage der DGHT. Ihre Adresse erfahren Sie auf Seite 60.

Nattern im Artenschutz

Noch vor der Anschaffung einer Natter sollten Sie sich unbedingt mit den gesetzlichen Regelungen zum Artenschutz vertraut machen. Das deutsche Tierschutzgesetz fordert vom Schlangenhalter, dass er ein artgerechtes Terrarium mit den erforderlichen Klimabedingungen bereitstellt und für die richtige Futtergrundlage sorgt. Zudem werden ausreichende Kenntnisse über die zu haltende Art gefordert. Sind Sie Anfänger in der Haltung von Nattern, dann empfehle ich Ihnen einen Prüfungsvorbereitungskurs zu besuchen. Dort lernen Sie alles Notwendige, um fit für den »Sachkundenachweis Terraristik« zu werden. Auskünfte, wie und wo Sie diesen Nachweis führen können, erhalten Sie bei der Geschäftsstelle der Deutschen Gesellschaft für Herpetologie und Terrarienkunde e. V. (DGHT, → Adressen Seite 60) oder im Internet unter www.sachkundenachweis.de. Alle Natternarten, die ich Ihnen in den Porträts auf den

---

Verkäufer-Check

Darauf sollten Sie Wert legen:	Ja	Nein
1. Lässt der Verkäufer Fachwissen erkennen, d.h., kann er alle Fragen zur Biologie der Wunschart beantworten?	☐	☐
2. Beantwortet er offen alle Ihre Fragen zu Haltungsansprüchen der Art?	☐	☐
3. Macht die Terrarienanlage einen gepflegten Eindruck, sind die Becken sauber?	☐	☐
4. Entspricht die Terrarieneinrichtung den Anforderungen der gehaltenen Arten?	☐	☐
5. Lassen Messgeräte vermuten, dass auf eine korrekte Klimatisierung geachtet wird?	☐	☐
6. Entspricht die Beckengröße der Anzahl und der Größe der gepflegten Tiere?	☐	☐
7. Versucht der Verkäufer nicht, Ihnen eine bestimmte Art oder ein bestimmtes Tier »aufzuschwatzen«?	☐	☐

Haben Sie alle Fragen mit »Ja« beantwortet, können Sie in diesem Zoofachgeschäft oder bei diesem Züchter unbesorgt kaufen. Bereits bei zwei mit »Nein« beantworteten Fragen sollten Sie zum Kauf ein anderes Geschäft aufsuchen.

Seiten 8 bis 11 vorstelle, unterliegen keinen speziellen Artenschutzbedingungen. Das schließt aber nicht aus, dass manche Unterarten der genannten Arten in ihrer Heimat trotzdem geschützt sind. Ein Beispiel dafür ist die San-Francisco-Strumpfbandnatter (*Thamnophis sirtalis tetrataenia*) aus den USA. Ist Ihre Wunschnatter eine Art, die auch in Europa wild lebend vorkommt, unterliegt sie in Deutschland den strengen Gesetzen der Bundesartenschutzverordnung – selbst wenn das betreffende Tier gar nicht aus Europa stammt. Diese Art darf dann nicht gefangen werden. Außerdem ist die Haltung von Nachzuchttieren meldepflichtig. Weiterführende Auskünfte erhalten Sie u. a. gleichfalls bei der DGHT (→ Seite 60).

Die ersten Tage zu Hause

Der große Moment ist gekommen, Sie können Ihre Schlange in Empfang nehmen. Am besten ist es natürlich, wenn Sie das Tier selbst abholen können. Sonst sind Sie auf einen Paketdienst angewiesen, da die Deutsche Post AG den Transport lebender Wirbeltiere ablehnt – bitte erkundigen Sie sich. Leider übersteigen die relativ hohen Transportkosten oft den Preis der Schlange.

Sicher transportieren

Vermeiden Sie bitte beim Transport Ihrer Natter übermäßigen Stress. Vor allem darf das Tier nicht in den letzten Tagen erst gefressen haben, es sollte nicht im Endstadium der Trächtigkeit sein und auch möglichst nicht gerade kurz vor der Häutung stehen (→ Seite 19).

Jungschlangen werden am besten in kleinen handelsüblichen Kunststoffboxen mit ausbruchsicheren Lüftungsöffnungen transportiert. Lockeres Moos oder zusammengeknülltes Papier geben dem Tier während des Transports Halt in der Box.

Größere Exemplare werden in einem auf links gewendeten, gut gesäumten Leinenbeutel verpackt, dessen Öffnung verknotet oder gut verschnürt wird.

Die Transporttemperatur sollte bei 20 °C liegen. Starke Temperaturschwankungen mit Überhitzung oder Unterkühlung können Sie vermeiden, wenn Sie die Transportbox oder den Stoffbeutel in eine Kiste aus Polystyrol oder aus einem anderen Wärme dämmenden Material legen. Ist die Schlange länger unterwegs, empfiehlt es sich, das Moos bei Jungschlangen leicht anzufeuchten oder bei größeren Nattern feuchte Schaumstoffschnitzel in den Beutel zu legen. Dieser darf aber keinesfalls nass sein, da er sonst luftundurchlässig ist.

> **TIPP**
> **Beim Eingewöhnen beachten**
> ▶ Die Natter sollte ungestört, stressfrei ihre neue Umgebung erkunden können. Notfalls versehen Sie die Terrarienscheiben mit Sichtschutz.
> ▶ Füttern Sie den Neuzugang erstmalig frühestens nach zwei bis drei Tagen.
> ▶ Lassen Sie bei Verdacht auf Parasiten eine Kotprobe untersuchen.

> Die Natter wird aus dem Transportbeutel direkt in das Terrarium gesetzt.

Eingewöhnungs-Programm
DIE ERSTEN TAGE ZU HAUSE

Quarantäneterrarium

Bevor Ihre Natter glücklich zu Hause landet, muss ihr Terrarium schon betriebsbereit sein. Soll sie in einen Reptilienbestand eingegliedert oder gar zu Artgenossen in dasselbe Terrarium gesetzt werden, empfehle ich Ihnen dringend, das Tier einige Wochen separat zu halten. Geeignet ist beispielsweise ein einfach und hygienisch eingerichtetes Vollglas-Terrarium, in dem die erforderlichen Klimabedingungen herrschen. Als »Minimaleinrichtung« reichen ein Versteck, Kletteräste und eine Wasserschale. Als Bodenbedeckung dient Zeitungspapier oder, besser noch, saugfähiges Küchenpapier, das Sie regelmäßig erneuern sollten.

In diesem Quarantäneterrarium sollte Ihre »Neue« wenigstens einige Male gefressen und normal gekotet haben, ehe Sie sie zu den anderen Schlangen setzen. Nur so können Sie vermeiden oder zumindest die Gefahr mindern, dass die Natter Krankheitserreger auf die anderen Tiere überträgt.

Leider kann es immer mal passieren, dass die neu gekaufte Schlange innerhalb kurzer Zeit das Zeitliche segnet. Dann können Sie beim Verkäufer nur reklamieren, wenn die Ursache für das Ableben der Schlange beim Erwerb schon offensichtlich war. Oder ein Tierarzt muss schriftlich bestätigen, dass das Tier zum Zeitpunkt des Kaufes bereits krank war und die spätere Todesursache aber nicht erkannt werden konnte. Dasselbe gilt auch für den Kauf von Privat.

> *Einen Neuzugang bringen Sie zunächst in einem einfach und hygienisch eingerichteten Quarantänebecken unter.*

Hygiene ist wichtig

Beim Umgang mit Ihren Nattern, d. h. bei jedem Kontakt mit dem Terrarium, mit den Gerätschaften und besonders auch mit den Futtertieren, müssen Sie an Ihre eigene Hygiene denken.

Nun ist eine für Nattern typische Erkrankung glücklicherweise nicht auf den Menschen übertragbar. Trotzdem können Schlangen Träger von Salmonellen sein, die, wenn auch recht selten, zu einer Erkrankung beim Menschen führen könnten.

Nach jedem Kontakt sollten Sie sich deshalb die Hände mit warmem Wasser gründlich waschen und möglichst auch mit einem Mittel aus der Apotheke desinfizieren.

Das Einmaleins der Pflege

Nach dem Tierschutzgesetz verpflichtet sich der Halter von Nattern, diese ihren Bedürfnissen entsprechend zu pflegen. Der artgerechte Umgang mit den Schlangen steht damit im Vordergrund. Nattern sind keine Haustiere! Sie sind und bleiben Wildtiere. Eine Natter toleriert zwar die abweichenden Lebensverhältnisse im Terrarium, zahm wird sie aber nie. Gehen Sie allerdings achtsam mit ihr um, gewöhnt sie sich an Sie und verliert mit der Zeit einen Teil ihrer Scheu. Dann lässt sie sich schon mal behutsam in die Hand nehmen.

Nattern gut gepflegt

Welche Pflegemaßnahmen im Terrarium oder an den Nattern notwendig sind, verrät Ihnen die Tabelle rechts. Sie sehen, es ist gar nicht so aufwändig. Zur Pflege sollten Sie aber einige Handgriffe kennen und wissen, wie Sie sich Ihrer Schlange gegenüber richtig verhalten.

Die Natter richtig halten: Müssen Sie die Natter wegen einer Behandlung fixieren, ergreifen Sie das Tier mit einer Hand vorsichtig seitlich hinter dem Kopf. Gleichzeitig fassen Sie mit der anderen Hand den Körper und heben das Tier hoch. Bei einer größeren Natter ist für derartige Manipulationen eine weitere Person erforderlich, die Sie zuvor eingewiesen haben. Der Helfer hält das Tier.

So bitte nicht: Leider gibt es immer wieder Halter, die sich vor ihren Besuchern »produzieren« wollen und mit der Schlange posieren. Ihnen als verantwortungsbewusstem Halter muss ich nicht sagen, dass das nicht artgerecht ist. Sie können jedoch ein Kind oder einen ängstlichen Erwachsenen eine Natter berühren lassen – sie werden sich wundern, dass eine Schlange keinesfalls kalt und glitschig ist. Aber einmal genügt, und dann sollte das Tier wieder in Ruhe gelassen werden.

Was tun bei einem Biss?

Nattern haben relativ wenige Möglichkeiten, sich gegen ihre Feinde zu verteidigen. Ihnen bleibt in erster Linie die Flucht. In die Enge gedrängt, verteidigen sich jedoch viele Arten, indem sie ihrem Gegner zunächst mit erhobenem Vorderkörper und aufgerissenem Maul drohen. Lässt sich der Gegner davon nicht beeindrucken, kann die Natter einen Scheinangriff starten, um dann schließlich wirklich zuzubeißen.

> *Bei guter Pflege durchstreift die Schönnatter neugierig ihr Terrarium.*

Eingewöhnungs-Programm
DAS EINMALEINS DER PFLEGE

Das kann Ihnen auch bei den täglichen Arbeiten im Terrarium passieren. Selbst die sonst friedliche Natter kann Ihre Hand mit einem Futtertier verwechseln und beißen. Der Biss der ungiftigen Natter bereitet meist keine Probleme. Allerdings rate ich Ihnen, eine blutende Wunde immer fachgerecht zu versorgen, damit es nicht zu einer Infektion durch nachträgliche Verunreinigungen kommt. Im Zweifelsfall gehen Sie am besten zum Hausarzt.

> *So ist es richtig: Diese amerikanische Wassernatter wird von ihrem Pfleger behutsam aber sicher gehalten.*

Die tägliche Pflege

Das sollten Sie prüfen

Das Terrarienklima	➤ Die Terrarientemperatur sollte zwischen 22 °C und 30 °C liegen (→ Porträts Seite 8 bis 11). ➤ Liegt die Luftfeuchtigkeit im Bereich von 50 bis 70 Prozent? ➤ Sind alle Lampen und Heizgeräte in Betrieb? ➤ Läuft die Zeitschaltuhr für die Beleuchtung?
Die Terrarienhygiene	➤ Füllen Sie sauberes Wasser in das Trink- und/oder Badebecken. ➤ Entfernen Sie Exkremente oder Häutungsreste. ➤ Kontrollieren Sie die Terrarienscheiben auf Verschmutzung und reinigen Sie diese bei Bedarf mit heißem Wasser.
Das Verhalten der Tiere	➤ Beobachten Sie die Tiere, ob sie unruhig oder hungrig sind. ➤ Zeigt eine Natter ungewöhnliche Verhaltensweisen, die auf eine Erkrankung hinweisen? Dann sollten Sie den Tierarzt verständigen. ➤ Befindet sich eine Natter im Häutungsstadium? Kontrollieren Sie, dass keine alte Haut zurückbleibt. ➤ Nach einer Paarung sollten Sie den Trächtigkeitszustand des Weibchens kontrollieren. Wenn es einen Eiablageplatz sucht, sollten Sie diesen bereitstellen (→ Seite 53).

Fragen rund um Ihren Neuzugang

? Warum ist es sinnvoll, wichtige Daten über meine Nattern zu erfassen und besondere Vorkommnisse zu protokollieren?
Der engagierte Terrarianer wird seine Nattern nicht nur gesund und lange Jahre am Leben halten, sondern sie möglichst auch vermehren wollen. Zur Kontrolle aller besonderen Ereignisse im Terrarium empfehle ich Ihnen, diese täglich zu notieren. Dazu genügt ein Tagebuch, bei mehreren Tieren sollten Sie eine Kartei anlegen. Wichtig sind u. a. folgende Daten: Deutscher und wissenschaftlicher Name, Schutzstatus, Geschlecht, besondere Erkennungsmerkmale (Färbung, Zeichnungsmuster, Narben usw.) – am besten mit Foto –, Geburtsdatum oder -jahr, Herkunft, Länge und Gewicht (jährlich), Tag der letzten Häutung (eventuell Länge des Natternhemds), Datum der letzten Fütterung, Art und Menge der Futtertiere, Erkrankungen und deren Behandlung, Termine und Bedingungen einer Winterruhe sowie alle Fortpflanzungsereignisse (beobachtete Paarungen, Eiablage, Bedingungen der Eizeitigung, Geburt, Anzahl der Jungtiere). Mit diesen Angaben haben Sie jederzeit einen guten Überblick über Ihre Nattern, können rechtzeitig neue Probleme klären und Ihre Urlaubsvertretung gut unterweisen. Zudem können Sie Ihre Erfahrungen an andere Terrarianer weitergeben.

? Kann ich verschiedene Nattern gemeinsam in einem Terrarium pflegen?
Nattern sind in der Natur normalerweise Einzelgänger. Nur in der Paarungssaison suchen sie vorübergehend einen Partner. Die gemeinsame Haltung mehrerer Tiere der gleichen Art ist grundsätzlich möglich, da Schlangen keine Reviere bilden, die sie gegen Geschlechtsgenossen verteidigen. Ich rate Ihnen aber ab, zu viele Tiere in einem Terrarium zu halten. Außerdem sollten Sie die gemeinsame Fütterung überwachen, um Unfälle durch Fressgier zu vermeiden. Bei Schlangenarten, die sich in freier Natur auch von anderen Schlangen ernähren (wie Ket-

> Die schöne Kalifornische Kettennatter fühlt sich in einem Trockenterrarium wohl.

Eingewöhnungs-Programm
FRAGEN RUND UM IHREN NEUZUGANG

tennattern, Dreiecksnattern), dürfen Sie nur gleich große und aneinander gewöhnte Tiere gemeinsam halten. Sicherer ist jedoch die Einzelhaltung. Unter den genannten Voraussetzungen können Sie auch Nattern verschiedener Arten gemeinsam pflegen, die dieselben Haltungs- und Futteransprüche stellen. Alt- und Jungtiere derselben Art sind getrennt zu pflegen. Ansonsten würden die Jungschlangen bei der Fütterung den Kürzeren ziehen. Eine nach Arten getrennte Haltung ist auf alle Fälle vorzuziehen.

? Häufig findet man bei zum Kauf angebotenen Schlangen Angaben wie 0,1 oder 2,3 oder 1,2,5. Was bedeutet das?
Mit solchen Zahlenkombinationen kennzeichnet man das Geschlecht und die Anzahl der Tiere in einem Bestand oder einer Gruppe. Bei Ihren Beispielen 0,1 bzw. 2,3 steht die erste Zahl für die Anzahl der männlichen Tiere, die zweite Zahl für die der Weibchen. 0,1 bedeutet also kein Männchen und 1 Weibchen. Bei der Dreierkombination gibt die dritte Zahl die Anzahl von Jungtieren oder Tieren, deren Geschlecht nicht bekannt ist, wieder. 1,2,5 Kornnattern heißt also: 1 Männchen, 2 Weibchen und 5 Jungtiere dieser Art.

? Warum ist es gut, den wissenschaftlichen Namen seiner Tiere zu kennen?
Für Nattern gibt es landschaftstypische Bezeichnungen, so genannte Trivialnamen. Für exotische Arten fehlt oft ein deutscher Name. Die Übersetzung eines fremdsprachlichen Trivialnamens hilft kaum weiter. So werden Erdnattern in den USA »ratsnakes« (Rattenschlangen) genannt. Unter einer Rattenschlange versteht man im Deutschen aber eine asiatische Natter. Um derartige Missverständnisse zu vermeiden, sollten Sie die wissenschaftlichen Namen Ihrer Nattern kennen. Sie bestehen in der Regel aus drei lateinischen oder latinisierten Begriffen: Gattungsnamen (wie *Pantherophis*), Artnamen (wie *obsoletus*) und Unterartnamen (wie *quadrivittatus*). Zu deutsch: Kükennatter. Sie können Ihrer Natter natürlich einen Namen geben und sie damit rufen – hören kann sie Sie aber nicht.

MEINE TIPPS FÜR SIE

Dieter Schmidt

Was tun mit der Natter im Urlaub?

➤ Organisieren Sie vor Ihrer Abfahrt eine Pflegeperson, die sich in der Haltung von Schlangen auskennt.

➤ Schlangen brauchen nicht täglich etwas zu fressen. Deshalb ist es möglich, die Tiere für zwei oder drei Wochen während Ihres Urlaubs nicht so intensiv zu betreuen und sie in diesem Zeitraum nicht zu füttern.

➤ Es genügt dann, wenn die Pflegeperson gelegentlich nach den Tieren schaut, frisches Wasser verabreicht, Kot entfernt sowie Temperatur und Beleuchtung kontrolliert.

➤ Es empfiehlt sich, die Terrarientemperatur während eines längeren Urlaubs etwas abzusenken. Dadurch werden die Schlangen träger. Auch in der Natur gibt es kühlere Tage.

➤ Hinterlassen Sie dem Helfer Ihre Adresse und Telefonnummer sowie die Telefonnummer des Tierarztes.

31

Artgerechte Unterbringung

Wohlfühl-Klima	Seite 34–35
Wohnglück für Nattern	Seite 36–37
Das Terrarium einrichten	Seite 38–41
Special »Frage & Antwort«	Seite 42–43

Wohlfühl-Klima

Um Nattern optimal zu pflegen, gilt es, den natürlichen Lebensraum der Tiere durch den künstlichen Lebensraum »Terrarium« zu ersetzen. Ganz wichtig dabei ist, die äußeren Bedingungen wie Licht oder Temperatur denen in ihrer Heimat anzupassen.

Lebenswichtig: Licht

Die meist tagaktiven, wechselwarmen Nattern sind auf Beleuchtung und Wärmestrahlung angewiesen. Selbst vorwiegend nachtaktive Nattern brauchen tagsüber helles Licht. Die künstliche Beleuchtung ist sogar günstiger als Sonnenlicht, weil sich ein in der Sonne stehendes Zimmerterrarium schnell aufheizt. Innerhalb eines Jahres wechseln in der Heimat der Nattern Tageslichtdauer und Temperatur. Diese Schwankungen sind wichtig für ihr Wohlbefinden und ihre Fortpflanzungsbereitschaft.

Die Beleuchtung im Terrarium sollte sich an der Tageslichtlänge im natürlichen Lebensraum der jeweiligen Art orientieren. Mit 12 bis 14 Stunden Beleuchtungsdauer während der Sommermonate und acht bis zehn Stunden in den Wintermonaten ohne Winterruhe liegen Sie aber meist richtig. Dabei können Sie das »Tageslicht« durchaus etwas in die Abendstunden verschieben, um nach Feierabend Ihre tagaktiven Nattern noch in Aktion erleben zu können. Eine Schaltuhr steuert den jeweils gewünschten Tag-Nacht-Rhythmus automatisch für Sie.

Wichtig: Leuchtstofflampen sollten Sie nach längerer Betriebszeit auswechseln, da ihre Lichtintensität allmählich nachlässt.

▶ 1 Wärme
Raumtemperatur und zusätzliche Heizgeräte schaffen die notwendigen Temperaturbereiche. Zur Kontrolle sind Thermometer erforderlich.

▶ 2 Licht
Die Leuchtmittel sollten mit Reflektor und Berührungsschutz ausgestattet sein. Bringen Sie die Lampen besser über dem Terrarium an.

▶ 3 Feuchtigkeit
Die gewünschte Feuchtigkeit erreichen Sie durch Befeuchten des Bodengrunds an einer Stelle und gelegentliches Besprühen des Innenraums.

Artgerechte Unterbringung
WOHLFÜHL-KLIMA

Im Gegensatz zu vielen Echsen und Schildkröten ist für die meisten Nattern kein künstliches ultraviolettes (UV-)Licht erforderlich, für die Raue Grasnatter aber empfehlenswert. Im Zoofachhandel erhalten Sie dafür Leuchtstoffröhren oder Sparlampen mit UV-Anteil für Terrarienzwecke.

Unerlässlich: Wärme

Die wechselwarmen Nattern brauchen die Wärme, um auf Touren zu kommen. Die Grundtemperatur im Terrarium ist gewöhnlich durch die Raumtemperatur gegeben. Diese sollte mit 18 bis 20 °C auch die Nachttemperatur bieten. Lampen erhöhen tagsüber diese Grundtemperatur. Mit Hilfe einer Reflektorlampe schaffen Sie einen lokalen Wärmeplatz mit über 30 °C. Dunkle Wärmestrahler halte ich wegen der fehlenden Helligkeit für unphysiologisch und lehne sie ab. Benötigt Ihre Natter noch höhere Temperaturen, dann ist eine zusätzliche Beheizung erforderlich. Als Wärmequelle eignet sich auch eine Wärmematte, auf der das Terrarium aufliegt. Ich rate Ihnen, Heizgeräte und ihre Stromanschlüsse nicht innerhalb des Terrariums zu installieren, da sie von Futtertieren beschädigt werden könnten.

Erwünscht: Feuchtigkeit

Die Wohlfühl-Luftfeuchtigkeit für Ihre Nattern erreichen Sie in erster Linie durch das Wasserbecken. Notwendig ist eine relative Luftfeuchtigkeit von 50 bis 70 Prozent. Im feuchteren Wald- sowie im Feuchtgebietsterrarium erhöhen Sie diese, indem Sie den Bodengrund etwas anfeuchten und gelegentlich warmes Wasser versprühen.

> *Ein Terrarium ohne Rück- und Seitenwände bietet kaum Rückzugsorte.*

CHECKLISTE

Das Terrarium richtig beleuchten

✓ Geeignet sind Glüh-, Energiespar- und Tageslichtlampen oder Leuchtstoffröhren. Bei großen Terrarien empfehle ich spezielle HQI-Lampen.

✓ Die Wattzahl der Lampen hängt von der Terrariengröße ab. Generell gilt: je heller, desto besser. Es darf aber nicht zu viel Hitze entstehen.

✓ Die Stärke der Beleuchtung soll sich nach der Lichtintensität im natürlichen Lebensraum der betreffenden Art richten, wird im Terrarium aber kaum erreicht.

✓ Eine licht- und wärmedurchlässige Verkleidung (Drahtkorb) der Lampen schützt vor Berührung.

Wohnglück für Nattern

Die Lebensräume der Nattern in freier Natur unterscheiden sich v. a. durch Temperatur und Feuchtigkeit. Diese Verhältnisse werden im Terrarium nachgestellt. Man unterscheidet gewöhnlich nur wenige Grundtypen. Wie Sie beim Einrichten vorgehen, verrate ich Ihnen ab Seite 38.

Wüstenterrarium

Die Kulisse könnte aus einer Felsimitation als Rückwand, Bodengrund aus Flusssand und farblich passenden Gesteinsbrocken bestehen. Künstliche Kakteen und andere Sukkulenten, vertrocknete Grasbüschel, das Skelett eines Säulenkaktus sowie Kletteräste vervollständigen die Einrichtung. Als Unterschlupf dienen eine im Sand verborgene Schlupfkiste, flache, mit Silikon verklebte passende Steine oder eine Plastikhöhle. Etwa die Hälfte des Terrarienbodens wird mit einer Heizmatte erwärmt (→ Seite 35), eine Reflektorlampe bestrahlt den »Sonnenplatz«, Leuchtkörper sorgen für die allgemeine Helligkeit. Ein kleines Trinkwassergefäß reicht zwar, eine etwas größere Schale mit Badewasser ist aber besser.

Waldterrarium

Zur Grundausstattung gehören ein Bodengrund aus Tannenrinde, ein mittelgroßes Badebecken und mehrere kräftige Kletteräste. Die

> Auch wenn ihr Name das Gegenteil vermuten lässt, brauchen Wassernattern im Terrarium absolut trockene Liegeplätze.

Artgerechte Unterbringung
WOHNGLÜCK FÜR NATTERN

> *Freilandterrarien eignen sich nur für klimatisch günstige Lagen. Sie sind nur etwas für fortgeschrittene Natternhalter.*

Rück- und Seitenwände verkleiden Sie mit Kiefernschwarten oder Korkplatten. Leicht gewölbte Rindenstücke und mehrere Moospolster schaffen Verstecke. Ein Kiefernstubben bietet Versteck- und Klettermöglichkeiten. Zur Bepflanzung eignen sich lebende oder künstliche Farne, rankende Blattpflanzen sowie Falllaub.
Zur Regulation der Luftfeuchtigkeit → Seite 35.

Feuchtgebietsterrarium

Es wird ähnlich eingerichtet wie das Waldterrarium. Da hier die Luftfeuchtigkeit aber höher sein muss, dominiert ein großes Wasserbecken. Dessen Ränder können Sie mit Kies, Moos und Wurzelstücken als Uferzone gestalten. Lassen Sie sich von der Natur inspirieren. Eine gesonderte Beheizung des Wasserbeckens ist meist nicht erforderlich. Teile der Rückwand können Sie mit trockenen Schilfhalmen dekorieren.

Trotz der relativ hohen Luftfeuchtigkeit darf sich in diesem Terrarientyp keine Staunässe bilden. Selbst Wassernattern benötigen trockene Liegeplätze und Verstecke.

Freiluftterrarium

So wird ein Terrarium bezeichnet, das im Sommer auf dem Balkon oder auf der Terrasse steht. Je nach Standort verhindern ein, zwei oder drei Seitenteile aus Metallgaze bei Sonneneinstrahlung eine Überhitzung. Bei Bedarf können Sie zusätzlich einen kleinen Ventilator im oberen Bereich des Terrariums zuschalten. Durch entsprechende Beheizung sollten Sie dafür sorgen, dass die Terrarientemperatur nachts und an trüben Tagen nicht wesentlich unter 20 °C abfällt.

> **TIPP**
>
> ### Trink- und Badebecken
> - Dafür können Sie beliebige Keramik-, Porzellan- oder Glasschalen verwenden.
> - Optisch ansprechender sind speziell für Schlangen gefertigte Kunststoffgefäße aus dem Zoofachhandel, die Steinbrocken imitieren. Sie sind in verschiedenen Größen und Gesteinsvarianten erhältlich.
> - Es gibt auch Wassergefäße in Form eines Viertelkreises, die gut in eine Terrarienecke passen.
> - Alle genannten Becken lassen sich auch von einer wühlenden Schlange kaum umstürzen.

Das Terrarium einrichten

In den letzten Jahren haben sich in vielen Ländern Haltungsformen für Nattern und andere Reptilien verbreitet, bei denen die Tiere in schuhkartongroßen Kunststoffboxen mit minimaler Ausstattung ohne individuelle Beleuchtung in Regalen stehen. Erstaunlicherweise wird eine solche Haltung von den Schlangen akzeptiert. Trotzdem rate ich Ihnen, das Terrarium möglichst naturnah zu gestalten, auch wenn das etwas aufwändiger ist. Lohn der Mühe ist jedoch ein Terrarium, das zum Blickfang in Ihrer Wohnung wird.

Die Terrariengröße

Der Zoofachhandel bietet eine Vielzahl zweckmäßiger Terrarien an, unter denen Sie sicher das Richtige für Ihre Tiere finden. Praktisch sind aus Glasscheiben zusammengesetzte Becken, denn sie lassen sich gut reinigen.
Für die Mindestabmessungen eines Terrariums existieren offizielle Empfehlungen. Sie orientieren sich an den Verhaltensweisen der jeweiligen Arten. Die Beckenmaße sind dabei auf die Körperlänge der Schlangen bezogen und gelten für maximal zwei etwa gleich große Tiere. Für die meisten der auf den Seiten 8 bis 11 vorgestellten Natternarten wird für die Terrariengröße ein Verhältnis von 1,0 : 0,5 : 0,5–1,0 für Länge : Breite : Höhe vorgegeben. Für die Raue Grasnatter gelten die Proportionen 1,5 : 0,5 : 0,5, für die nordamerikanischen Wassernattern (*Nerodia*-Arten) 1,25 : 0,5 : 0,5, für die Strumpfbandnattern (*Thamnophis*-Arten) 1,25 : 0,75 : 0,5.
So berechnen Sie die Größe: Für beispielsweise ein Pärchen Kornnattern von je 100 Zentimeter Länge gelten die

> *Viele Nattern liegen gern auf erhöhten Plätzen unter einem Strahler.*

TIPP

Praktische Wasserbecken

▶ Alle Wasserbecken, auch die größeren für Wassernattern und andere feuchtigkeitsliebende Arten, sollten Sie leicht aus dem Terrarium herausnehmen können. Sie lassen sich schneller entleeren und bequemer reinigen als fest installierte Behälter, selbst solche mit Abfluss und Hahn und direktem Abwasseranschluss.

▶ Gestalten Sie den Uferbereich um die Wasserbehälter so, dass die Nattern nicht allzu viel Bodengrund ins Wasser schieben können. Ein Rand aus grobem Kies kann helfen, das zu verhindern.

Artgerechte Unterbringung
DAS TERRARIUM EINRICHTEN

▷ 1 Klettermöglichkeiten schaffen
Befestigen Sie die Kletteräste sicher am Terrarienboden auf einer Holzplatte oder in der Rückwand. Dekorativ sind knorrige Äste von Robinien und Apfelbäumen oder dicke Rebstöcke. Ansprechend, leider etwas teurer, sind Kakteenskelette. Alle Äste müssen so dick sein, dass auch eine größere Natter darauf liegen kann.

▷ 2 Verstecke bieten
Schlangen lieben enge Verstecke, in denen sie Körperkontakt mit deren Wandung haben. Auch flache Kästen aus Holz mit verschließbarem Schlupfloch im Deckel kann ich empfehlen. Damit können Sie sogar bei scheuen oder bissigen Nattern problemlos im Terrarium hantieren. Alle Verstecke sollten für Sie leicht einsehbar sein.

Proportionen 1,0 : 0,5 : 0,5–1,0. Sie benötigen also ein Terrarium, das mindestens 100 Zentimeter lang, 50 Zentimeter breit und 50–100 Zentimeter hoch sein sollte.
Größe bei mehr als zwei Tieren: Für jedes weitere Exemplar geben Sie etwa 20 Prozent des Terrarienvolumens zu. Die Proportionen werden beibehalten.
Terrarium für Jungtiere: Es sollte in der Größe den jungen Schlangen angepasst sein, weil sie dann besser fressen und kontrolliert werden können. Das bedeutet aber für Sie, dass Sie bald ein größeres Gefäß kaufen müssen, denn die Jungtiere wachsen schnell.

Die Technik installieren
Zuerst installieren Sie die Lampen und die Geräte zur Beheizung. Eine Bitte: Verwenden Sie elektrische Geräte nur im Originalzustand. Mit Strom ist nicht zu spaßen. Die Installation von Eigenkonstruktionen sollten Sie einem Fachmann überlassen. Bauen Sie die Beleuchtung und Beheizung so ein, dass unterschiedliche Temperaturbereiche entstehen. Dann kann die Natter ihre Vorzugstemperatur selbst wählen. Mehr über die Beleuchtung erfahren Sie in der Checkliste auf Seite 35.
Haben Sie die Technik installiert, empfiehlt es sich, die Geräte erst für einige Tage ohne Tierbesatz zur Probe laufen zu lassen. Mit Hilfe von Thermometern und einem Hygrometer, die Sie an verschiedenen Stellen anbringen, können Sie die notwendigen Klimabedingungen kontrollieren und erforderlichenfalls verändern (→ Porträts Seite 8 bis 11).

Nun wird eingerichtet

Rück- und Seitenwände sind ein wesentlicher Gestaltungsfaktor eines attraktiven Terrariums. Es gibt zwar naturgetreu bedruckte Papierbögen, die man hinter die Scheiben kleben kann. Diese bieten aber den Nattern, und das ist wichtig, keine Möglichkeit zum Klettern und keine erhöhten Liegeflächen. Sie sind nur für Kleinstterrarien angebracht. Ich rate Ihnen deshalb, naturnah modellierte Rück- und eventuell auch Seitenwände im Zoofachhandel zu kaufen oder selbst zu gestalten. Ihr Zoofachhändler ist Ihnen dabei sicherlich gern behilflich. Außerdem gibt es dazu Spezialliteratur.

Als Bodengrund eignen sich verschiedene Substrate. Ich selbst bevorzuge hier weitgehend natürlich aussehende Materialien wie Rindeneinstreu aus dem Zoofachhandel und Moos. Wie hoch Sie den Bodengrund einfüllen, bleibt Ihnen überlassen. Für wühlende Arten wie Dreiecksnattern sollte er aber mindestens fünf Zentimeter tief sein.

Eine Wasserschale benötigen die meisten Nattern. Sie sollte so groß sein, dass sich die Tiere auch einmal hineinlegen können. Nur die Wassernattern brauchen ein größeres Wassergefäß, in dem sie auch ein paar Schwimmbewegungen machen können. Ein Aquaterrarium mit Landteil möchte ich aber selbst für sie nicht empfehlen, denn auch diese Schlangenarten brauchen zur Gesunderhaltung größere, absolut trockene Bereiche an Land. Zudem macht es viel Mühe, wenn Sie das Wasser im Aquaterrarium bei entsprechender Verunreinigung durch Futterreste und Kot unter Umständen täglich wechseln müssten.

Als Verstecke eignen sich hohl liegende Rindenstücke (Kiefer, Korkeiche) oder flache Steine, die Sie mit Silikon zur Höhle verkleben.

Gute Klettermöglichkeiten und erhöhte Liegeflächen bietet ein halb verrotteter Wurzelstock. Es empfiehlt sich, auch den in der Natur kaum kletternden Natternarten Kletteräste unterschiedlicher Stärke anzubieten. So können Sie die Grundfläche des Terrariums durch Hinzuziehen der Höhe vergrößern.

> *Ausschnitt aus einem reich bepflanzten Großterrarium mit Wasserbecken. Genau das Richtige für Wassernattern.*

Artgerechte Unterbringung
DAS TERRARIUM EINRICHTEN

Die Bepflanzung

Zu einem attraktiven Terrarium gehören auch Pflanzen, selbst wenn sie den meisten Schlangenarten gleichgültig sind. Besonders reizvoll ist es natürlich, wenn Tiere und Pflanzen aus dem gleichen geografischen Lebensraum stammen. Leider bereiten lebende Pflanzen im Terrarium Probleme: Die meisten Nattern bis auf die schlanken Baumnattern, Grasnattern oder jungen Strumpfbandnattern zerdrücken sie durch ihr Gewicht und wühlen in ihren Töpfen. Futtertiere fressen sie an. Für einen guten Pflanzenwuchs reicht zudem die Helligkeit meist nicht aus. Und in der Nähe von Strahlern verdorren sie.

In einem reich bepflanzten Terrarium machen allerdings die Pflanzen mehr Mühe als die Nattern selbst. Als optischen Ersatz nehme ich deshalb Pflanzen aus Kunststoff oder Gewebe, die es in täuschend echter Ausführung zu kaufen gibt. Sie lassen sich wie echte Pflanzen einsetzen, sind gut zu reinigen und sogar zu desinfizieren. Zudem bieten sie stabile Klettermöglichkeiten und geben gute Häutungshilfen (→ Seite 19).

Rückwand einsetzen 1

Setzen Sie in ein geklebtes Vollglasterrarium mit Schiebescheiben und Lüftungsflächen Rück- und Seitenwände als Imitation einer Felswand oder von Baumstämmen ein.

Bodengrund einfüllen 2

Installieren Sie die für die Beheizung und Beleuchtung erforderlichen elektrischen Geräte fachgerecht (Heizmatte unter, Lampe über dem Terrarium). Dann füllen Sie den gewünschten Bodengrund mehrere Zentimeter hoch ein.

Kletteräste anbringen 3

Mehrere Kletteräste und Verstecke werden so fest aufgebaut, dass sie nicht umstürzen können. Die Kletteräste können in der Rückwand verankert werden. Auf den Boden kommen Moospolster. Eine Wasserschale darf nicht fehlen.

Die Natter einsetzen 4

Dekorieren Sie das Terrarium mit weiteren Pflanzen naturnah. Dabei sollte auf eine wenigstens annähernd geografisch richtige Auswahl von Blattpflanzen geachtet werden. Zuletzt setzen Sie die Schlange in ihr neues Zuhause.

41

Fragen rund um die Unterkunft

? Was muss ich bei der Konstruktion der Terrarienrückwand hauptsächlich beachten?

Naturnah gestaltete Rück- und Seitenwände befriedigen keineswegs nur die ästhetischen Bedürfnisse des Betrachters. Die meisten Nattern klettern gern. Mit einer reich strukturierten Gesteins- oder Baumstammimitation können Sie die Boden- und Kletterfläche wesentlich erweitern. Die eingearbeiteten Vorsprünge werden von den Nattern als erhöhte Liegeflächen gern genutzt. Auch können Sie Gefäße für Pflanzen optisch ansprechend einfügen. Um künstliche Pflanzen in der Wandverkleidung zu befestigen, genügt meist ein Bohrloch. Achten Sie aber beim Bau der Rück- und Seitenwände unbedingt darauf, dass keine Hohlräume entstehen, in denen sich die Nattern verstecken, die Sie aber nicht einsehen können.

? Brauche ich für das Terrarium elektrische oder elektronische Mess- und Regelgeräte?

Das rate ich Ihnen, denn Sie sollten die Temperatur und relative Luftfeuchtigkeit regelmäßig kontrollieren. Am besten, Sie installieren mindestens ein Thermometer und möglichst ein Hygrometer fest im Terrarium. Diese Messgeräte gibt es auch mit Regelfunktionen, sodass Sie zusätzlich noch eine Heizung und gegebenenfalls eine Beregnungsanlage oder einen Ultraschallvernebler automatisch steuern können. Sogar nächtliche Temperaturabsenkungen sind so möglich. Mit mechanischen oder elektronischen Schaltuhren können Sie Lampen für die Beleuchtung und Bestrahlung des Terrariums schalten. Auf diese Weise bieten Sie Ihren Tieren einen geregelten Tagesrhythmus auch während Ihrer Abwesenheit.

? Warum ist auch ein Terrarium ein Biotop?

Unter Biotop versteht der Biologe den Lebensraum einer Gemeinschaft von Tieren und Pflanzen. Demnach ist ein Terrarium ein vom Menschen geschaffener künstlicher Biotop. Die vollständige Nachahmung des

Perfekte Einrichtung mit Rückwand, Bodengrund, Pflanzen, Kletterästen und Verstecken.

Artgerechte Unterbringung
FRAGEN RUND UM DIE UNTERKUNFT

natürlichen Biotops ist im Terrarium nicht möglich, aber auch nicht nötig. Trotzdem müssen Sie bei der Einrichtung und beim Betrieb des Terrariums die Ansprüche der gepflegten Natternarten berücksichtigen.

❓ Was versteht man unter einem »sterilen« Terrarium?

Selbst in der Fachliteratur liest man von »sterilen« oder – was völlig widersinnig ist – von »halbsterilen« Terrarien. Unter »steril« versteht man einen mikrobiologischen Zustand, bei dem keine lebenden Mikroorganismen und Parasiten samt ihren Dauer- und Fortpflanzungsformen nachzuweisen sind. Zudem ist eine erneute Verschmutzung ausgeschlossen. Im Zusammenhang mit einem normalen Schlangenterrarium kann dieser Begriff nur falsch sein. Gemeint ist vielmehr ein Zustand, bei dem sich die Tiere nicht mit krank machenden Erregern anstecken können. Richtiger ist es dann, von einem »hygienischen«, d.h. gesundheitlich einwandfreien Terrarium zu sprechen. Der Natur entnommene Materialien wie Bodengrund, Rindenstücke, Kletteräste, Moos usw. sind zwar nicht keimfrei, sie enthalten aber mit großer Wahrscheinlichkeit keine für Schlangen bedenklichen Erreger. Sie brauchen deshalb vor Verwendung nicht sterilisiert zu werden.

❓ Kann ich die Materialien für die Einrichtung auch aus dem Wald holen?

Ich habe damit bisher immer gute Erfahrungen gemacht. Auch habe ich die Rinde oder das Holz vor dem Einsetzen ins Terrarium noch nie desinfiziert (→ dazu auch die vorhergehende Frage). Spinnen, Ameisen oder Ähnliches, die mit Moos oder natürlichem Bodengrund in das Terrarium eingeschleppt werden, schaden nichts. Sie sind höchstens lästig, wenn sie über den Teppich krabbeln.

❓ Kann ich meine Natter vor Diebstahl oder Ausbruch schützen?

Besitzen Sie ein Glasterrarium mit Schiebescheiben oder mit Tür, dann können Sie es durch ein Terrarienschloss gegen den schnellen Zugriff Unbefugter und gegen das Ausbrechen einer Natter absichern.

MEINE TIPPS FÜR SIE

Dieter Schmidt

Das Terrarium richtig aufstellen

▶ Am besten kommt Ihr Terrarium in einer dunklen Zimmerecke zur Geltung. Durch seine helle Beleuchtung fällt die naturnah gestaltete Einrichtung sofort auf.

▶ Stellen Sie das Terrarium in einer Zimmerecke auf, sodass zwei Seiten nicht einsehbar sind. Dann können sich scheue Nattern in den Hintergrund zurückziehen. Alternativ versehen Sie zwei oder drei Seiten mit Rück- und Seitenwänden.

▶ Auf keinen Fall darf das Terrarium am Fenster stehen, wo es direkt von der Sonne beschienen werden kann. Trotz großer Belüftungsschlitze kann die Temperatur im Inneren sonst eine für Tiere und Pflanzen schädliche Höhe erreichen.

▶ Ein als Raumteiler frei im Zimmer positioniertes Becken mit Durchsicht von mindestens drei Seiten bereitet den Nattern durch die Personenbewegungen im Zimmer großen Stress.

43

Fit-und-gesund-Programm

Die richtige Ernährung	Seite 46–49
Nattern über den Winter bringen	Seite 50–51
Gesundheitsfürsorge	Seite 54–55
Special »Frage & Antwort«	Seite 56–57

Die richtige Ernährung

Wie alle Schlangen erbeuten auch Nattern in der Natur nahezu ausschließlich lebende Tiere. Dabei nutzen sie ein breites Beutespektrum, das von Regenwürmern über Schnecken, Gliederfüßer, Fische, Lurche, Kriechtiere bis zu Vögeln und Säugetieren reicht. Alle Beutetiere stehen den Schlangen in ihrem Lebensraum zur Verfügung. Nicht immer wird ein Beutetier vor dem Verschlingen getötet. So erwürgt eine Natter ihre Beute, um das sich wehrende Futtertier ruhig zu stellen und sich selbst vor etwaigen Bissen zu schützen. Eine wehrlose Beute, etwa eine nestjunge Maus oder Ratte sowie ein Küken, wird dagegen von einer größeren Natter sofort verschluckt und erstickt binnen kurzem. Interessanterweise kann die Schlange eine nestjunge Ratte von einer gleich großen, aber erwachsenen und wehrhaften Maus unterscheiden. Auch Wassernattern verschlingen ihre Beute, einen Fisch oder Frosch, bei lebendigem Leib.

Futterpausen: Mit einem einzigen großen Beutetier kann eine Natter oft das Hundertfache ihres Tagesbedarfs an Nährstoffen decken und deshalb auch lange Futterpausen ertragen. Eine gesunde Natter nimmt während dieser Fresspausen kaum etwas ab. Genau beobachten müssen Sie eine Futterverweigerung dagegen, wenn ein Verdacht auf eine Erkrankung besteht. Stressbedingte Futterverweigerung bei einer neu erworbenen Natter, vor allem bei einem Wildfangtier, gibt sich meist von selbst.

Zum Fressen gern: Mäuse & Co.

Die auf den Seite 8 bis 11 vorgestellten Nattern haben unterschiedliche Futteransprüche. Eine Gruppe bevorzugt Warmblüter. Dazu gehören

TIPP

Bei Futterpausen beachten

Futterpausen stellen keinen Grund zur Besorgnis dar,

- ➤ wenn die Natter zuletzt ein großes Beutetier bekommen hat.
- ➤ wenn sie kurz vor der Häutung steht.
- ➤ wenn das Natternweibchen bereits hoch trächtig ist.
- ➤ wenn die Natter kurz vor der Winterruhe steht.

➤ *Wassernattern fressen problemlos neben lebenden auch tote Fische.*

Fit-und-gesund-Programm
DIE RICHTIGE ERNÄHRUNG

> 1 Fangen
Die Natter packt die Maus und umwickelt sie blitzschnell. Sie unterbindet damit die Atmung der Beute und zieht bei jedem Ausatmen fester zu.

> 2 Packen
Sobald die Natter den Herzschlag ihrer Beute nicht mehr spürt, lockert sie die Umschlingung. Sie verschlingt die Maus mit dem Kopf voran.

> 3 Verschlingen
Mit ausgehaktem Unterkiefer »hangelt« sich die Natter über die Maus. Nach wenigen Minuten ist diese verschwunden und wandert in den Magen.

beispielsweise Korn- und Schönnattern. Je nach Größe der Schlangen stellen nestjunge bis ausgewachsene Mäuse und junge Ratten ihre Hauptnahrung dar. Große Ratten, Goldhamster und Ähnliches eignen sich nur für wirklich große Nattern. Pflegen Sie ein oder zwei Nattern, dürfte sich eine eigene Mäusezucht kaum lohnen. Futtermäuse bekommen Sie jederzeit im Zoofachgeschäft oder beim Züchter in Ihrer Nähe. Halten Sie mehrere Schlangen, rate ich Ihnen zur eigenen Mäusehaltung. Sie hat den Vorteil, dass Sie jederzeit Mäuse in allen benötigten Größen zur Verfügung haben. Allerdings darf ich nicht verschweigen, dass Sie in einer Mäusezucht mit Geruchsbelästigung rechnen müssen – selbst wenn Sie größte Sauberkeit walten lassen.

Als Alternative zu Kleinsäugern bieten sich Hühnerküken an. Sie sind in einer Brüterei billig zu erwerben, da bei Legerassen die Hähnchen bereits im Alter von einem Tag aussortiert und normalerweise getötet werden.

Haben Sie Ihre Nattern auch an tote Tiere gewöhnen können (→ Seite 13), rate ich Ihnen, überzählige Mäuse und Eintagsküken zu töten und bei etwa −20 °C einzufrieren. So haben Sie immer einen Futtervorrat. Bevor Sie ein tiefgekühltes Küken oder eine Maus der Schlange verfüttern, müssen Sie das Tier auftauen und leicht erwärmen.

Insekten als Menü
Die zweite Natterngruppe ernährt sich von Gliedertieren und deren Larven. Von den vorgestellten Arten gehört nur die Raue Grasnatter dazu. Ihre Futtertiere (Heuschrecken, Spinnen, Raupen usw.) fangen Sie entweder selbst oder kaufen sie im Zoofachhandel (Grillen, junge Wanderheuschrecken u. a.). Beachten Sie bitte, dass geschützte wild lebende Insekten nicht verfüttert werden dürfen. Um die Qualität der Futtertiere zu verbessern, empfiehlt es sich, diese vor

47

der Verfütterung mit einem Vitamin-Mineralstoff-Präparat einzupudern.

Zum Hauptgang Fisch

Die dritte Gruppe von Nattern lebt in Gewässernähe, etwa die Gebänderte Wassernatter. Da einheimische Lurche aus Gründen des Artenschutzes nicht verfüttert werden dürfen, bleiben nur Fische als Alternative.

> *Schlangen saugen das Wasser durch eine Lücke bei geschlossenem Maul.*

In der Größe passende Fische bieten Sie der Schlange lebend im Wasserbecken an. Viele Wassernattern fressen aber auch tote und zerteilte Fische mit Gräten und Innereien aus einer Schale. Jungtieren dieser Arten können Sie Regenwürmer und kleine Nacktschnecken geben. Kleine Fische beziehen Sie am besten bei einem befreundeten Angler oder im Fischgeschäft. Lebende Jungfische für den Gartenteich gibt es im Zoofachhandel. Auch tiefgefrorene Futterfische (u. a. Stinte) kaufen Sie dort oder über Futtertier-Versandfirmen. Nattern fressen sehr gern filetierte Forelle. Reichen Sie über längere Zeit Fischfilet, müssen Sie es mit einem Vitamin-Mineralstoff-Präparat aufwerten.

Futterspezialisten

Besonderer Beachtung bedürfen manche Natternarten, die auf ganz bestimmte Beute spezialisiert sind. So fressen einige Arten ausschließlich Schnecken, Eier, Frösche, Echsen oder gar andere Schlangen. Mit solchen Futterspezialisten sollten Sie sich als Einsteiger zunächst nicht abgeben. Denn nur mit Tricks sind sie schließlich bereit, das Ersatzfutter zu akzeptieren. Aber nicht immer gelingt das.

Wie viel Futter ist gut?

Es ist schon ein besonderes Ereignis, wenn in freier Natur eine Natter Beute macht. Sie frisst dann auf Vorrat alles, was sie erreichen kann. Da unter Terrarienbedingungen meist kein Futtermangel besteht, werden die Schlangen bald zu fett, wenn Sie das Futterangebot nicht einschränken. Die Tiere werden träge; ihre Fortpflanzungsbereit-

TIPP

Trinken nicht vergessen

➤ Wild lebende Nattern trinken recht unregelmäßig. Wüsten- und Steppenbewohnern genügt oft schon die mit dem Futter aufgenommene Flüssigkeit.

➤ Im Terrarium trinken die Schlangen oft im Anschluss an eine Futteraufnahme recht ausgiebig. Sie müssen den Tieren deshalb täglich sauberes und möglichst frisches Trinkwasser zur Verfügung stellen.

➤ Da einige Schlangen in das Wasser koten, müssen Sie das Wassergefäß regelmäßig reinigen, um Infektionen zu verhindern.

Fit-und-gesund-Programm
DIE RICHTIGE ERNÄHRUNG

schaft lässt nach. Deshalb dürfen Sie Nattern niemals zu reichlich Futter anbieten, also nie mehrere Futtertiere auf einmal. Oft tötet eine Natter nämlich alle Futtertiere und lässt sie liegen, während sie eines davon verschlingt. Nach der Mahlzeit bleiben die restlichen toten Tiere unbeachtet. Das heißt für Sie, dass eine Natter auch nach der Fütterung immer noch etwas Hunger haben sollte. Jungtiere brauchen häufiger Nahrung und fressen, bezogen auf ihr Gewicht, mehr als Alttiere. Hohe Terrarientemperaturen beschleunigen den Verdauungsvorgang, die Natter ist schneller wieder fressbereit. Zudem wird ein Fisch schneller verdaut als eine Maus.

Für die richtige Menge gelten folgende Anhaltspunkte:

➤ Insekten und Spinnen fressende Nattern erhalten nahezu täglich Futter.

➤ Jungen Wassernattern reichen Sie alle zwei bis drei Tage Futter.

➤ Jungen Mäusefressern genügen ein- bis zweimal pro Woche ein bis zwei nackte, nestjunge Mäuse.

➤ Große Wassernattern bekommen alle fünf bis sieben Tage Futter.

➤ Nattern wie die Kiefernnatter mit einer Länge von weit über einem Meter benötigen als Futtertiere junge Ratten und Küken.

➤ Erwachsenen Warmblüterfressern reichen Sie entsprechend ihrer Größe alle zehn bis vierzehn Tage ein bis drei Mäuse oder Küken.

Achtung Kannibalismus: Manche Natternarten ernähren sich, wie bereits auf Seite 30 geschrieben, von anderen Schlangen. Dies kann auch passieren, wenn sich zwei Exemplare im selben Futtertier verbissen haben. Dann besteht die Gefahr, dass die kleinere von der größeren gleich mit verschlungen wird.

49

Nattern über den Winter bringen

In der Natur bestimmen die Jahreszeiten das Leben der Nattern. In den gemäßigten Klimazonen herrschen im Winter Umweltbedingungen, die die Schlangen zu einer Ruhepause zwingen. In den Tropen dagegen nötigen trockene, heiße Sommermonate zu Zwangspausen, in denen die Tiere kühle Verstecke aufsuchen. Während unter Terrarienbedingungen eine Sommerruhe kaum eine Rolle spielt, ist eine Winterpause für Gesundheit, Langlebigkeit und Fortpflanzungsfähigkeit Ihrer Nattern von großer Bedeutung. Der unkundige Terrarianer verzichtet ungern während des Winters auf seine Tiere und hält sie warm. Viel Freude wird er aber nicht haben: Viele Nattern fressen nicht mehr und ziehen sich für Wochen und Monate in ihre Verstecke zurück.

Richtig überwintern

Ich rate Ihnen, Ihrer Natter eine artgemäße Winterruhe zu gönnen. Dazu müssen Sie wissen, woher sie stammt, denn danach richten sich Dauer und Temperatur im Winterquartier. Erfahrungsgemäß funktioniert aber ein Kompromiss: Auch eine verkürzte Winterruhe bei Dunkelheit stimuliert die Fortpflanzungsbereitschaft.

Und so gehen Sie vor: Ab Mitte November stellen Sie die Fütterung ein und setzen allmählich die Terrarientemperatur herab. Verkürzen Sie die tägliche Beleuchtungsdauer. Mitte Dezember sind dann 8 °C bei ausgeschaltetem Licht erreicht. Nach zwei Monaten – Mitte Februar – werden Licht und Tageslichtlänge innerhalb von vier Wochen wieder normalisiert.

> Viele Nattern lieben möglichst enge Verstecke mit »Tuchfühlung«.

TIPP

Winterliches Notquartier

▶ Fehlt Ihnen zur Überwinterung der Nattern ein Raum mit der nötigen Temperatur, können Sie die Tiere in ihrer Überwinterungskiste in einen ungenutzten Kühlschrank stellen. Lässt sich die Temperatur von 8 °C bis 10 °C nicht einregeln, steuern Sie die Stromversorgung des Kühlschranks mit einem Thermostaten, dessen externer Messfühler in der Überwinterungskiste liegt. Vorher ausprobieren! Für die Frischluftzufuhr reicht es, wenn Sie anfangs einmal pro Woche, später seltener die Tür für die Kontrollen öffnen.

Fit-und-gesund-Programm
NATTERN ÜBER DEN WINTER BRINGEN

Am einfachsten ist es, wenn die Nattern während des gesamten Zeitraums in ihrem Terrarium in einem eigenen Raum überwintern können. Dunkeln Sie das Terrarium mit einem Tuch ab. Im Raum sollte es etwa 8 bis 10 °C kalt sein. Vor krassen Temperaturschwankungen schützt trockenes Laub, das Sie etwa bis zur halben Terrarienhöhe einfüllen. Das Wassergefäß muss immer zugänglich sein. Bei Nattern aus höheren Breiten können die Winterruhe verlängert und die Temperaturen auf 3 bis 5 °C herabgesetzt werden. Bei Nattern aus subtropischen Gebieten genügt es meist, wenn Beheizung und Beleuchtung im Terrarium für etwa zwei Monate ausgeschaltet bleiben.

Überwinterungskiste

Haben Sie kein entsprechendes Terrarienzimmer, brauchen Sie eine Überwinterungskiste mit Deckel, in der die Schlange bequem liegen kann. Die Kiste stellen Sie in einen nicht zu feuchten, frostsicheren Raum (Keller, Veranda, Garage) mit konstanter Temperatur von 8 bis 10 °C. Falls nötig, halten Sie die Raumtemperatur mit einem über Thermostat geregelten elektrischen Heizkörper konstant. Die Kiste füllen Sie zur Hälfte mit einem Torf-Erde-Gemisch, das mit Moos oder Laub abgedeckt wird. Das Substrat darf keinesfalls nass sein, aber auch nicht austrocknen. Wassergefäß nicht vergessen! In die Kiste bohren Sie ein paar kleine Löcher zur Belüftung. Während der Winterruhe sollten die Schlangen nicht unnötig gestört werden. Alle paar Wochen kontrollieren Sie Luftfeuchtigkeit, Temperatur und Trinkwasser, außerdem, ob die Natter herumwandert.

> *Auch für diese schöne Wassernatter aus Nordamerika ist eine Winterruhe zu empfehlen.*

Nach der Winterruhe: Zur Aktivierung der Nattern erhöhen Sie die Temperatur allmählich. Sind 18 bis 20 °C erreicht, setzen Sie die Tiere aus der Überwinterungskiste in ihr inzwischen gründlich gereinigtes und desinfiziertes Terrarium zurück und schalten erstmalig für wenige Stunden die Terrarienbeleuchtung ein. Einige Tage später können Sie wieder Futter anbieten. Meist wird es aber noch verschmäht. Manche Exemplare häuten sich erst einmal, andere beginnen bereits mit den ersten Fortpflanzungsaktivitäten.

Nachwuchs in Sicht

Wie bei allen Reptilien entwickeln sich bei den Nattern die Jungtiere in Eiern. Und doch gibt es dabei wesentliche Unterschiede. Die meisten Natternarten sind Eier legend, d. h., sie setzen ihre Eier in einem Versteck ab, in dem eine bestimmte Temperatur und Feuchtigkeit herrschen. Andere bringen fertig entwickelte Jungtiere zur Welt. Die Jungschlangen entwickeln sich im Mutterleib und schlüpfen beim Absetzen des Geleges aus den Eiern. Diesen Fortpflanzungsmodus nennt man Ei lebend gebärend. Alle Keimlinge ernähren sich generell von Eidotter. Bei wenigen Arten entwickeln sich die Feten in uterusähnlichen Strukturen und erhalten dann sogar Nährstoffe von der Mutter. Diese Arten nennt man lebend gebärend. Voraussetzung für die erfolgreiche Fortpflanzung der Nattern im Terrarium ist ein harmonierendes Pärchen. Bei guter Aufzucht können Nattern bereits mit ein bis zwei Jahren geschlechtsreif sein. Da eine frühe Trächtigkeit das Natternweibchen aber sehr beansprucht, sollte es vor der ersten Paarung mindestens drei Jahre alt sein.

Die Paarung

Bei Nattern aus gemäßigten Klimazonen können Sie kurz nach der Winterruhe die ersten Paarungsbestrebungen beobachten. Mit Sexualduftstoffen lockt das Weibchen ein Männchen an. Dieses beginnt, das Weibchen zu verfolgen, kriecht mit zuckenden Bewegungen über dessen Rücken und führt dann einen seiner Hemipenes in die Kloake des Weibchens ein. Bei vielen Arten versucht das Männchen durch harmlose Bisse in die Halspartie seine

> Eine Kornnatter hat gerade ein umfangreiches Gelege abgesetzt.

TIPP

Brutbehälter (Inkubator) in Eigenbau

▶ Nehmen Sie drei Kühlschrankgefäße, die sich stapeln lassen und so groß sind, dass die Eier Platz haben. Die untere Schale füllen Sie mit Wasser, das durch einen Aquarienheizer auf knapp 30 °C erwärmt wird. Der Boden der Schale darüber ist mehrfach durchbohrt, die Schale füllen Sie mit einem Brutsubstrat (Vermiculit, Schaumstoffflocken), in das Sie die Eier betten. Die dritte Schale sorgt als Deckel für hohe Luftfeuchtigkeit im Brutbehälter. Mit einem kleinen Thermometer kontrollieren Sie die Temperatur. Dunkel stellen!

Fit-und-gesund-Programm
NACHWUCHS IN SICHT

> Nach einer vier- bis fünfmonatigen Entwicklungszeit im Körper der Mutter durchstößt die Gebänderte Wassernatter bei ihrer Geburt ihre Eihüllen. Diese Art ist Ei lebend gebärend.

Partnerin sexuell zu stimulieren. Die Paarung dauert Minuten bis Stunden und wird mehrfach wiederholt.

Trächtigkeit und Eiablage

Ob eine der Paarungen erfolgreich war, können Sie erst Wochen später an der zunehmenden Leibesfülle des Weibchens erkennen. Bei den Eier legenden Nattern dauert die Trächtigkeit, je nach Temperatur, etwa zwei bis drei Monate. Das Weibchen sucht vor der Eiablage nach einem geeigneten Ablageplatz. Dazu müssen Sie rechtzeitig ein Gefäß (Keramiktopf), gefüllt mit leicht feuchtem Torfmull, abgedeckt mit frischem Moos, ins Terrarium stellen. Es sollte so groß sein, dass die Schlange hineinpasst. Inzwischen bereiten Sie einen geeigneten Inkubator aus dem Fachhandel zum Bebrüten der Eier vor und stellen ihn auf 28 bis 30 °C ein. Die Eier werden einzeln in das Brutsubstrat gebettet. Dabei dürfen Sie verklebte Eier nicht trennen. Unbefruchtete Eier sollten Sie sofort aussortieren. Sie sind kleiner und wachsgelb oder fallen nach kurzer Brutdauer ein und verschimmeln. Nach 60 bis 70 Tagen Brutdauer beginnen die ersten Jungnattern mit Hilfe ihres Eizahns die lederartige Schale ihres Eies zu durchschneiden. Ein bis zwei Tage später schlüpfen sie. Einfacher haben es Ei lebend gebärende und lebend gebärende Arten. Sie setzen nach etwa vier bis fünf Monaten ihr Gelege ab und die Jungschlangen befreien sich dabei aus ihren Eihüllen.

Gesundheitsfürsorge

Trotz aller Sorgfalt können Ihre Nattern krank werden. Die Gründe dafür können schon länger zurückliegen. Als Ursachen für eine Erkrankung kommen oft fehlerhafte Haltungsbedingungen wie falsche Temperatur-, Licht- und Feuchtigkeitsverhältnisse, Zugluft, Brüche und Quetschungen durch Einklemmen oder Verbrennungen an Licht- und Wärmequellen in Betracht. Seltener sind Bisse durch Futtertiere oder Artgenossen die Auslöser. Dazu kommen Parasiten sowie Infektionen mit Bakterien, Viren oder Pilzen. In der Natur spielen diese Erreger oft eine untergeordnete Rolle. Das stabile Immunsystem der Natter verhindert den Ausbruch der Krankheit. Anders im Terrarium. Dort ist die Gefahr, Erreger zu übertragen, ungleich größer. Und ein wegen Haltungsfehlern geschwächtes Immunsystem kann eine ernste Erkrankung nicht verhindern. Durch eine sachgerechte Quarantäne (→ Seite 27) verringern Sie allerdings das Risiko, dass Sie mit einem Neuzugang Krankheitserreger einschleppen.

Die Desinfektion

Neben der täglichen Säuberung ist in größeren Abständen auch eine Generalreinigung des Terrariums nötig. Ich rate Ihnen, alle ersetzbaren Einrichtungsgegenstände zu vernichten. Dann scheuern Sie Steine, Schlupfkiste, Plastikpflanzen und Ähnliches sowie das gesamte Terrarium mit heißem Wasser und desinfizieren alles. Dafür eignen sich Präparate auf Peroxid- oder Alkoholbasis, die Sie entsprechend den Angaben auf der Packung anwenden.

Die Natter behandeln

Rat und Hilfe bei der Vorbeugung, Erkennung und Behandlung einer Erkrankung erhalten Sie bei einem reptilienkundigen Tierarzt. Er wird auch die notwendigen Untersuchungen durchführen oder veranlassen, wie Kotproben oder Maul- und Kloakenabstriche. Lassen Sie sich vom Tierarzt zeigen, wie Sie der Natter am besten Medikamente und Nahrungsergänzungspräparate verabreichen. Probieren Sie nie irgendwelche Behandlungsmaßnahmen oder dubiose Medikamente selbst aus. Die Adresse eines reptilienkundigen Tierarztes erfahren Sie über die DGHT (Adresse → Seite 60) oder direkt im Internet unter www.dght.de.

> *Zur Inspektion kann es nötig sein, die Schlange in die Hand zu nehmen.*

Fit-und-gesund-Programm
GESUNDHEITSFÜRSORGE

Krankheiten erkennen und behandeln

Krankhafte Veränderung	Mögliche Ursachen	Was ist zu tun?
Futterverweigerung	1. Natürliche Ruhephase 2. Stress 3. Erkrankung	1. Fresspause abwarten 2. Ursachen abstellen 3. Tierarzt aufsuchen!
Häutungsprobleme	Falsche Haltung, Unterernährung, Vitamin-A-Mangel, Milbenbefall, Erkrankung	Das Tier baden, Häutungsreste abstreifen, mögliche Ursachen abstellen
Bläschen auf dem Rücken	Zu feuchte Haltung, mangelnde Hygiene	Trocken halten, Sonnenplatz, Antibiotika vom Tierarzt
Blasen und Krusten auf der Bauchseite	Hautpilzbefall, meist bei schwacher Kondition	Entfernen der Verkrustungen, Salbe vom Tierarzt
Nässende Hautentzündungen	Durch Bakterien oder Pilze infizierte Wunden, Verbrennungen	Puder und Salbe vom Tierarzt auftragen
Krämpfe bei Wassernattern	Vitamin-B1-Mangel	Gabe von Vitamin B1
Entzündungen, Blutungen und Beläge im Maul	Maulfäule wegen Hygienemängeln, Verletzung, Vitamin-C-Mangel, bakterielle Infektion	Beläge entfernen, Schleimhaut-Desinfektionsmittel und Antibiotika vom Tierarzt
Erbrechen	Haltungsfehler, Stress, Magenschleimhaut- und Darmentzündung	Ursachen beseitigen, Kotuntersuchung, Medikamente vom Tierarzt verabreichen
Durchfall	Darmentzündung wegen Ernährungsstörung, Vergiftung, Parasiten, Bakterien, Amöbenruhr	Oft zu spät erkannt. Unbedingt Tierarzt aufsuchen. Hygienemaßnahmen, Desinfektion
Atemgeräusche, Schleimabsonderung	Lungenentzündung infolge Stress, Haltungsfehlern, Parasiten- oder Virenbefall	Optimale Haltung, Antibiotika und Medikamente vom Tierarzt verabreichen
Legenot	Zu kühle Haltung, fehlender Eiablageplatz, Stress	Wärme, Eiablagemöglichkeit bieten, Tierarzt aufsuchen
Trübung der Augen	Natürliche Trübung vor der Häutung	Häutung abwarten
Rote Punkte zwischen den Schuppen	Eingeschleppte Schlangenmilben, meist durch andere Tiere	Insektenstrip mit Wirkstoff Dichlorphos; Beratung durch Tierarzt
Wirbelsäulenverkrümmung	Geburtsfehler, Rachitis, Folge eines Bruchs	Keine Behandlung, meist nur geringe Beeinträchtigung

Fragen rund um Ernährung und Fortpflanzung

❓ Wann ist eine Zwangsfütterung notwendig?

Haben Sie eine Natter neu erworben und sie verweigert selbst noch nach mehreren Wochen jegliche Futteraufnahme, dann ist eine Zwangsfütterung nicht zu umgehen. Vermutlich können Sie der Natter nicht die Futtertiere bieten, an die sie in der Natur gewöhnt war. Mit welcher Technik Sie das Tier zwangsfüttern, erfahren Sie auf Seite 57. Bevor Sie eine Zwangsfütterung selbst durchführen, sollten Sie sich Rat bei einem erfahrenen Terrarianer oder beim Tierarzt holen.

❓ Kann eine Natter ihre Beute hypnotisieren?

Nein, dies ist ein Märchen. Es kam zustande, weil eine Maus, die ins Terrarium gesetzt wurde, zunächst wie erstarrt sitzt. Sie will ihre neue Umgebung erkunden, ohne die drohende, unbekannte Gefahr zu erahnen. Obwohl eine Schlange ihre Augäpfel bewegen kann, wirkt ihr Blick wegen der verwachsenen, durchsichtigen Augenlider (»Brille«) starr, wenn sie eine Beute fixiert. Ein Futtertier wird vor dem Ergreifen genau beobachtet; der blitzschnelle Zugriff soll ja gelingen.

❓ Warum kämpfen die Natternmännchen miteinander?

Diese Auseinandersetzungen laufen nach bestimmten Ritualen ab, ohne zu ernsten Verletzungen zu führen. Früher missdeutete man sie als »Paarungsversuche«. Auch heute noch sind die Gründe für diese so genannten Kommentkämpfe nicht klar. Vermutlich spielen aber doch Rivalitäten um die Gunst eines Weibchens eine Rolle.

❓ Wie viele Nachkommen kann eine Natter bekommen?

Die mittlere Gelege- oder Wurfgröße liegt je nach Art, Alter und Größe des Muttertieres zwischen 4 und 16 Eiern. Den Rekord unter den Nattern hält wahrscheinlich eine nordamerikanische Schlammnatter mit 104 Eiern in einem Gelege. Bei optima-

> *Futter verweigernde Jungschlangen müssen Sie notfalls einige Male zwangsernähren.*

Fit-und-gesund-Programm
FRAGEN RUND UM ERNÄHRUNG UND FORTPFLANZUNG

len Terrarienbedingungen und reichlicher Ernährung kann die Gesamtzahl der Nachkommen größer sein als in der Natur. Arten, die sich sonst nur alle zwei oder drei Jahre fortpflanzen, können dann jährlich Nachkommen haben. Andere Arten setzen sogar zwei- oder dreimal im Jahr Eier ab. Nur ein Bruchteil der Jungschlangen in der Natur wird älter als ein Jahr.

? Kann eine Natter ohne erneute Paarung Nachkommen erzielen?

Bei der Paarung kann ein Schlangenweibchen Spermien in seinen Geschlechtsorganen speichern, die zu einem späteren Zeitpunkt zu verzögerten Befruchtungen führen. Es kann so in seltenen Fällen sogar über mehrere Jahre ohne erneute Paarung befruchtete Eier legen. Ohne Anwesenheit eines Männchens gelegte, normal aussehende Eier sollten Sie deshalb zunächst immer im Brutkasten bebrüten. Vielleicht sind sie doch befruchtet.

? Wie alt können Nattern eigentlich werden?

Nattern werden bei guter Pflege im Terrarium älter als in der Natur. Dort sind sie Witterungsunbilden, Fressfeinden und Nahrungsengpässen ausgesetzt. Bei kühler Überwinterung und vollwertiger, nicht zu üppiger Ernährung konnten beispielsweise folgende Altersrekorde erreicht werden: Texaskükennatter 33 Jahre; Kornnatter 32 Jahre; Kiefernnatter 20 Jahre, 9 Monate; Kettennatter 20 Jahre, 7 Monate; Strumpfbandnatter 10 Jahre.

? Soll ich auch Farb- und Zeichnungsvarianten züchten?

Farb- und Zeichnungsvarianten bei Nattern kommen als spontane Mutationen gelegentlich in der Natur vor. Nicht alle sind dort jedoch überlebensfähig. Auf diesen Tieren basieren die Zuchtexperimente, die in den letzten Jahren bei etlichen Natternarten zu einer Vielzahl von Zuchtformen geführt haben. Die Züchtung dieser Varianten ist eine Modeerscheinung, die viele Anhänger gefunden hat. Ob Sie sich für die oft erblich nicht gefestigten Mutanten oder für die in meinen Augen meist attraktivere wildfarbene Art entscheiden, ist Geschmackssache.

MEINE TIPPS FÜR SIE

Dieter Schmidt

Zum Futterglück zwingen

Nattern, die nach längerer Futterverweigerung nicht freiwillig fressen wollen, müssen zwangsernährt werden, sobald Sie feststellen, dass die Tiere beginnen abzumagern.

▶ Einen Futterbrei, hergestellt aus den Futtertieren, drücken Sie mit einer Spritze mit Knopfkanüle vorsichtig direkt in den Schlund der Schlange.

▶ Da kleine Fische gut rutschen, können auch die Schlangenarten, die sonst Warmblüter fressen, damit gestopft werden.

▶ Machen Sie ein totes Futtertier mit Wasser oder Eiklar gleitfähig. Dann schieben Sie es unter sanfter Gewalt mit Hilfe einer abgerundeten Pinzette in den Schlund der Natter. Anschließend massieren Sie den Futterbrocken vorsichtig in Richtung Magen.

▶ Die Zwangsfütterung sollte nur im Notfall erfolgen.

Halbfett gesetzte Seitenzahlen verweisen auf Abbildungen, U = Umschlagseite.

A
Alter	57
Amurnatter	8, **8**
Anatomie	12–15, 18
Atemgeräusche	23, 55
Augen	12, 23
–, Trübung der	17, 55
Aussehen, gesundes	23
Außenparasiten	23, 55
Auswahl	22–25

B
Badebecken	37
Baden	16, **16**
Bairds Kletternatter	**22**, 23
Behandlung	54
Beißen	28
Beleuchtung	34, **34**, 35
Beuteerwerb	14, 46, **47**
Bewegung	U3
Bläschen auf der Haut	55
Bodengrund	40
Boiginae	6
Brutdauer	53
Bullennatter	**24**

D
Desinfektion	54
Dreiecksnatter	**U1**, 9, **9**, 13, 16, 26, 30, 31, **44/45**, U4
Durchfall	5

E
Eiablage	52, 53
Eier, Bebrüten der	53
Eier legend	52
Eierstöcke	12
Ei lebend gebärend	52
Eingewöhnung	26, 27
Einrichtung	43
Elaphe guttata	8
Elaphe obsoleta	8
Elaphe schrenckii	8
Elaphe taeniura	9
Erbrechen	5

Erdnatter	8, **8**, 17, U4
Ernährung	46–49, U3
Ersatzfuttermittel	U3
Everglades-Kükennatter	8

F
Farbvarianten	57
Feinde	7
Feuchtgebietsterrarium	**32/33**, 37, **40**
Feuchtigkeit	**34**, 35
Fisch	**46**, 48
Fortbewegung	14
Fortpflanzung	52, 53
Freilandterrarium	**37**
Freiluftterrarium	37
Fressen	7
Futtermenge	49, U3
Futterpausen	46
Futterspezialisten	48
Futtertiere	46–48
–, tote anbieten	13
Fütterung	9
Fütterungsintervalle	U3
Futterverweigerung	55, 56, 57

G
Gebänderte Wassernatter	10, **10**, 40, 48, **53**
Gelegegröße	56
Gemeinschaftshaltung	30
Geruchssinn	13
Geschlechtsdiagnose	18
Geschlechtsreife	52
Gesichtssinn	13
Gesundheits-Check	23
Gesundheitsfürsorge	54, U3
Gewöhnliche Strumpfbandnatter	11, **11**, 36, **46**, 57
Gift	6
Gleiten	14
Gleitflug	15
Graue Pilotnatter	8
Grundtemperatur	35

H
Haut	23
Hautentzündungen, nässende	55
Häutung	17, 18, 19, 55

Heimat	7
Heizung	39
Hemipenes	18, 52
Herz	12
Hoden	12
Höhlenschönnatter	9
Hörsinn	13
Hygiene	27, 29
Hygrometer	39, 42

I
Inkubator	52, 53
Innere Organe	12
Insekten	47

J
Jacobsonsches Organ	13
Jungschlangen	**22**, 53

K
Kalifornische Kettennatter	9
Kältestarre	19
Kannibalismus	49
Kauf	22–25
Kettennatter	9, **9**, 16, 31, **38**, **48**, 57
Kiefernnatter	**6**, 10, **10**, 15, 49, 57
Klettermöglichkeit	**39**, 40, U3
Kommentkämpfe	56
Kornnatter	8, **8**, 14, 17, **20/21**, 35, 47, **50**, **52**, **54**, 57, **U4**
Körperwärme regulieren	15
Krankheiten	55
Kükennatter	**2**, 8, U4

L
Lampen	39
Lampropeltis getula	9
Lampropeltis getula californiae	9, U4
Lampropeltis getula getula	9
Lampropeltis triangulum	**U1**, 9
Lampropeltis triangulum campbelli	9
Lampropeltis triangulum elapsoides	9
Lampropeltis triangulum hondurensis	9
Lampropeltis triangulum sinaloae	9

58

Anhang
REGISTER

Lebend gebärend 52
Legenot 55
Licht 34, **34**
Lunge 12

M
Magen 12
Maul 23
–, Erkrankungen im 55
Mäuse 47
Messgeräte 42
Mexikanische Königsnatter **7**
Milben 55

N
Nachwuchs 52, 64
–, Anzahl des 56
Nachzucht 24
Nattern
– einsetzen ins Terrarium **26**
– richtig halten 28, **29**
– transportieren 26
–, Verhalten der 29
Natternhemd **18**
Nerodia fasciata 10
Nerodia sipedon 11
Nieren 12

O
Opheodrys aestivus 10
Orthriophis taeniurus 9
Orthriophis taeniurus frisei 9
Orthriophis taeniurus ridley 9
Östliche Bändernatter 11, **11**
Östliche Kettennatter 9
Östliche Strumpfbandnatter 11

P
Paarung 52, 57
Paarungsbiss 16, **16**, 52
Pantherophis bairdi **22, 23**
Pantherophis guttatus 8
Pantherophis obsoletus 8
Pantherophis obsoletus obsoletus 8
*Pantherophis obsoletus
lindheimeri* 8
*Pantherophis obsoletus
quadrivittatus* 8
Pantherophis obsoletus rossalleni 8
Pantherophis obsoletus spiloides 8

Pflanzen 41
–, künstliche 41, 42
Pflege 28, 29
Pituophis melanoleucus 10

Q
Quarantäneterrarium 27, **27**

R
Ratten 47
Raue Grasnatter 10, **10, 39, 42,** 47
Rotgefleckte Strumpfband-
natter 11
Rückwand 40, 42, U3

S
San-Diego-Gophernatter **4/5**
Schädelskelett 18
Schaltuhr 42
Schlängeln 14
Schlangenmilben 23, 55
Schönnatter 9, **9, 12, 28, 47, 64**
Schuppen **12**
Schwarze Pilotnatter 8
Schwimmen 14
Seitenwand 40, U3
Sichern **17**
Siegelringnatter 11, **11**
Sinnesorgane 13
Skelett 12
Sommerruhe 50
Stress 19, U3
Strumpfbandnatter **3,** 11, **11, 36,
46,** 57

T
Taiwanschönnatter 9
Tastsinn 13
Terrariengröße 38, 39, 64
Terrarienhygiene 29
Terrarienklima 29, 34, 35, U3
Terrarienschloss 43
Terrarienstandort 43
Terrarientechnik 39, 42
– installieren 39
Terrarientypen 36, 37
Terrarium einrichten 38–41, **41**
Terrarium, »steriles« 43
Texasküken natter 8, 57

Thamnophis proximus 11
Thamnophis sauritus 11
Thamnophis sirtalis 11
Thamnophis sirtalis parietalis 11
Thamnophis sirtalis sirtalis 11
Thermometer 39, 42
Trächtigkeit 53
Transport 26
Trinkbecken 37
Trinken 48, **48**
Trugnattern 6

U
Überwinterung 15, 50, 51
Überwinterungskiste 51, 64
Unterkunft 36
Urlaub 31, 64

V
Verhalten 12–15
–, gesundes 23
Verhaltensdolmetscher 16, 17
Verkäufer-Check 25
Vermehrung 52, 64
Versteck **39, 40, 50**
Vitamin-Mineralstoff-Präparat
48, U3

W
Waldterrarium 36
Wärme **34,** 35
Wärmematte 35
Wärmesinn 13
Wasserbecken **16,** 38, 40
Wassernatter **29, 32/33, 51,** 55
Wechselwarm 15, 19
Westliche Bändernatter 11
Wildfang 24
Winterruhe 50, 51, 64
Wirbelsäule 12
Wirbelsäulenverkrümmung 55
Wüstenterrarium 36

Z
Zähne 12
Zeichnungsvarianten 57
Ziehharmonika-Kriechen 14
Zuchtformen 57
Züngeln 13, **13**
Zwangsernährung 56, **56,** 57

59

Adressen
Verbände/Vereine
➤ Deutsche Gesellschaft für Herpetologie und Terrarienkunde e. V. (DGHT), Geschäftsstelle: Wormersdorfer Str. 46–48, 53351 Rheinbach, www.dght.de
Auskünfte zu Fragen des Artenschutzes, der Ernährung, Mindestgrößen von Terrarien, Zugang zu Diskussionsforen. Auskünfte über den nächsten Reptilientierarzt unter www.dght.de/amphrep/ tiergesundheit/tieraerzte.htm

AN UNSERE LESER
➤ Die vorgestellten Natternarten sind ungiftig. Doch auch ihr Biss kann zu gesundheitlichen Beeinträchtigungen führen. Wurden Sie gebissen, sollten Sie zum Arzt gehen.
➤ Achten Sie unbedingt auf Hygiene im Terrarium und beim Umgang mit den Futtertieren.
➤ Beachten Sie die Gefahren im Umgang mit elektrischem Strom, v. a. in Verbindung mit Wasser.

Untersuchungsstellen
➤ Universität München, Institut für Zoologie, Fischereibiologie und Fischkrankheiten der tierärztlichen Fakultät, Kaulbachstraße 37, 80539 München
➤ Universität Gießen, Institut für Geflügelkrankheiten, Frankfurter Straße 87, 35392 Gießen
➤ Universität Leipzig, Poliklinik für Vogel- und Reptilienkrankheiten, An den Tierkliniken 17, 04103 Leipzig
➤ Exomed, Am Tierpark 64, 10319 Berlin
➤ GEVO Diagnostik, Jakobstraße 65, 70794 Filderstadt

Fragen zur Haltung beantworten
Ihr Zoofachhändler und der Zentralverband Zoologischer Fachbetriebe Deutschlands e. V. (ZZF), 63225 Langen, Tel. 06103/9107 32 (nur telefonische Auskunft möglich), www.zzf.de

Bücher
➤ Gumprecht, A.: Die Schönnatter. NTV, Münster
➤ Hallmen, M. & J. Chlebowy: Strumpfbandnattern. NTV, Münster
➤ Kunz, K.: Die Kornnatter. NTV, Münster
➤ Mara, W. P.: Dreiecksnattern im Terrarium. bede Verlag, Ruhmannsfelden
➤ Mara, W. P.: Bullennattern im Terrarium. bede Verlag, Ruhmannsfelden
➤ Mara, W. P.: Wassernattern Nordamerikas. bede Verlag, Ruhmannsfelden
➤ Schmidt, D.: Die Erdnatter. NTV, Münster
➤ Schmidt, D.: Die Kettennatter. NTV, Münster
➤ Schmidt, D.: Die Gebänderte Wassernatter. NTV, Münster
➤ Schmidt, T.: Grasnattern. NTV, Münster

Zeitschriften
➤ Draco. Terraristik-Themenheft. NTV, Münster
➤ elaphe Neue Folge. – Rheinbach, Mitgliederzeitschrift der Deutschen Gesellschaft für Herpetologie und Terrarienkunde e.V.
➤ Reptilia. Terraristik-Fachmagazin. NTV, Münster
➤ Sauria. Terraristik und Herpetologie. Terrariengemeinschaft Berlin e.V., Berlin

Dank
an Reptilien Bußkönning, Paderborn-Schloß Neuhaus, für die fachliche Beratung bei der Fotoproduktion.

Anhang
ADRESSEN, AUTOR, IMPRESSUM

Der Autor
Dr. sc. Dieter Schmidt ist neben seiner wissenschaftlichen Arbeit in der Tierzuchtforschung ehrenamtlich als Redakteur und Redaktionsbeiratsmigtlied mehrerer terraristischer Zeitschriften tätig. Seine besonderen Interessen gelten der Haltung und Vermehrung von Nattern.

Die Fotografin
Christine Steimer arbeitet als freie Fotografin, spezialisiert auf Heimtier- und Terraristikfotografie.
Cramm: 11 li.; Kahl: 9 li., 10 mi., re., 11 re.; König: 12; Schmidt: 7, 8 li., mi., 9 re., 10 li., 13, 16 li., re., 17 u., 22, 23, 28, 37, 40, 48, 52, 53; Trutnau: 8 re.

> **GU-Experten-Service**
> Haben Sie Fragen zu Haltung und Pflege? Dann schreiben Sie uns (bitte Absender angeben). Unser Experte Dieter Schmidt hilft Ihnen gern weiter. Unsere Adresse finden Sie rechts.

Impressum
© 2005 GRÄFE UND UNZER VERLAG GmbH, München. Alle Rechte vorbehalten. Nachdruck, auch auszugsweise, sowie Verbreitung durch Bild, Funk, Fernsehen und Internet, durch fotomechanische Wiedergabe, Tonträger und Datenverarbeitungssysteme jeder Art nur mit schriftlicher Genehmigung des Verlages.

Redaktion:
Nicole Schmidt-Biermann
Lektorat: Angelika Lang
Layout: independent Medien-Design, München
Satz: Uhl + Massopust, Aalen
Produktion: Bettina Häfele
Repro: Fotolito Longo, Bozen
Druck und Bindung: Kaufmann, Lahr
Printed in Germany
ISBN 3-7742-6947-5

Auflage	4.	3.	2.	1.
Jahr	2008	07	06	05

GRÄFE UND UNZER
Ein Unternehmen der
GANSKE VERLAGSGRUPPE

Das Original mit Garantie
Ihre Meinung ist uns wichtig. Deshalb möchten wir Ihre Kritik, gerne aber auch Ihr Lob erfahren. Um als führender Ratgeberverlag für Sie noch besser zu werden. Darum: Schreiben Sie uns! Wir freuen uns auf Ihre Post und wünschen Ihnen viel Spaß mit Ihrem GU-Ratgeber.

Unsere Garantie: Sollte ein GU-Ratgeber einmal einen Fehler enthalten, schicken Sie uns das Buch mit einem kleinen Hinweis und der Quittung innerhalb von sechs Monaten nach dem Kauf zurück. Wir tauschen Ihnen den GU-Ratgeber gegen einen anderen zum gleichen oder ähnlichen Thema um.

GRÄFE UND UNZER VERLAG
Redaktion Haus & Garten
Stichwort: Tierratgeber
Postfach 86 03 25
81630 München
Fax: 0 89/41 98 1-1 13
E-Mail:
leserservice@
graefe-und-unzer.de

Meine Natter

▶ Art: _____

So füttere ich sie:

▶ _____
_____

Beobachtete Verhaltensweisen:

▶ _____
_____

So will sie gepflegt werden:

▶ _____
_____

Meine Urlaubsvertretung ist:

▶ _____
_____

Besondere Kennzeichen:

▶ _____
_____

Das ist ihr Tierarzt:

▶ _____
_____

GU TIERRATGEBER
damit es Ihrem Heimtier gut geht

ISBN 3-7742-5765-5
64 Seiten | € 7,90 [D]

ISBN 3-7742-3908-8
64 Seiten | € 7,90 [D]

ISBN 3-7742-5588-1
64 Seiten | € 7,90 [D]

ISBN 3-7742-6821-5
64 Seiten | € 7,90 [D]

ISBN 3-7742-5768-X
64 Seiten | € 7,90 [D]

Tierisch gut! Die Welt der Heimtiere entdecken und alles erfahren, was man schon immer über sie wissen wollte. So klappt das Miteinander von Anfang an – mit Wohlfühl-Garantie fürs Tier.

WEITERE LIEFERBARE TITEL BEI GU:
➤ **GU TIERRATGEBER:** Echsen, Das Aquarium, Das Terrarium, Schildkröten, Schlangen und viele mehr

Willkommen im Leben.

1. TERRARIENGRÖSSE
Der Gesetzgeber empfiehlt eine bestimmte **Mindestgröße**. Demnach soll das Terrarium für ein bis zwei Nattern in der Länge mindestens das 1- bis 1,25-fache, in der Breite das 0,5-fache sowie in der Höhe das 0,5 bis 0,75-fache der Körperlänge einer Schlange messen.

Wohlfühl-Garantie für Nattern

4. ZUVERLÄSSIGE BETREUUNG
Nattern im Terrarium sind völlig von Ihnen abhängig. Regelmäßige Kontrollen des Terrarienklimas, Sauberkeit sowie artgerechte Fütterung der Tiere gehören zu den **Grundvoraussetzungen** einer guten Natternpflege. Dies ist auch wichtig, wenn Sie in Urlaub fahren.

7. WINTERRUHE
Eine mindestens achtwöchige Winterruhe bei herabgesetzter Temperatur und Dunkelheit im Terrarium oder in einer Überwinterungskiste trägt bei Nattern gemäßigter Breiten wesentlich zur **Gesunderhaltung**, erfolgreichen Vermehrung und Langlebigkeit bei.

8. GESUNDER NACHWUCHS
Die erfolgreiche Vermehrung ist die **Krönun** der Natternhaltung. Nur wenn die Haltungs- u Pflegebedingungen den **artgemäßen An sprüchen** der Tiere genügen, dürfen Sie m der Ablage befruchteter Eier oder der Geburt lebensstarker Jungtiere rechnen.